PRAXIS KULTUR 1

Friederike Moldenhauer
Joachim Bitter

Literatur veranstalten
Lesung, Vortrag, Event

Ein Ratgeber
zu Konzept,
Organisation
und Durchführung

m press

Gedruckt mit freundlicher Unterstützung der Mast-Jägermeister AG.

Die Autoren danken allen Machtmachern, Jan Schmietendorf, John Cohn sowie Daniela Dobernigg.

Danke auch an Heike Wilhelmi, Medienagentur Wilhelmi, Hamburg.

Die Deutsche Bibliothek verzeichnet diese Publikation in der Deutschen Nationalbibliografie; detaillierte bibliografische Daten sind im Internet über http://dnb.ddb.de abrufbar.

Printed in Germany

Gedruckt auf chlorfrei gebleichtem, säurefreiem und alterungsbeständigem Papier (ISO 9706)

ISBN 3-89975-479-4

Verlagsverzeichnis schickt gern:
Martin Meidenbauer Verlagsbuchhandlung
Erhardtstr. 8
D-80469 München

www.m-verlag.net

Inhalt

I. Literatur veranstalten – Einführung

Literatur soll an die Öffentlichkeit. Das ist das Ziel der Autoren, der Veranstalter, der Verlage und des Buchhandels. Veranstalter können aus den Abteilungen für Öffentlichkeitsarbeit der Verlage und Buchhandlungen kommen, sie können einer Literarischen Agentur oder einer Kultureinrichtung angehören, sie können aber auch vollkommen frei sein. Um die Öffentlichkeit durch Literaturveranstaltungen zu erreichen, bedarf es einer durchdachten Organisation. Dieses Buch soll ein Leitfaden sein, praxisnah und Schritt für Schritt die Organisatoren von Lesungen zu begleiten. Es zeigt Wege auf, eine erfolgreiche Veranstaltung durchzuführen. Erfolgreich heißt: die Autoren, das Publikum und die Veranstalter sind mit ihrem Ergebnis zufrieden. Der Autor hatte aufmerksame Zuhörer, das Publikum war auf der für seinen Geschmack „richtigen" Lesung, der Abend verlief reibungslos, am Büchertisch wurde Umsatz gemacht, und der Verlag kann sich über eine gelungene Werbemaßnahme freuen.

In diesem Buch geht es nicht um eine spezielle Art von Literatur, sondern um die Gestalt ihrer Präsentation. Literarische Veranstaltungen haben vielfältige Formen. Das Spektrum reicht von der klassischen Lesung, die in den Sälen von Literaturhäusern stattfindet oder durch eine Buchhandlung organisiert wird, über Schullesungen bis zu privaten literarischen Salons. Neuere Wege der Literaturpräsentation gehen Poetry Slams, Open Mikes oder Lesungen in Clubs und Cafés, deren Wurzeln in der US-amerikanischen Literaturbewegung der achtziger Jahre liegen. Sie sind in den letzten Jahren in Deutschland populär geworden, wie sich in der Berichterstattung der Medien eindrucksvoll spiegelt. Einhergehend mit dieser Entwicklung haben sich auch die Erwartungen der Zuhörer und Zuschauer gewandelt: Ein exotischer Leseort wie eine Hafenbarkasse oder ein Planetarium sind gute Voraussetzungen, wenn auch keine Garantie, die Aufmerksamkeit des literaturinteressierten Publikums auf sich zu ziehen.

Natürlich sind Orte nicht entscheidend für die Qualität von Text und Vortrag, aber sie tragen dazu bei, Leser zu interessieren und die Veranstaltung zu einem Erlebnis zu machen, das nicht so schnell vergessen wird. Literatur zum Ereignis zu machen, das sowohl den Text als auch den Autor bewusst präsentiert, bezeichnet der englische Begriff Event, der genau das heißt: Ereignis und Veranstaltung, Umstand und Ergebnis. Einen Autoren bewusst zu präsentieren bedeutet, nicht nur dem Anspruch des Textes, sondern auch den Bedürfnissen des Publikums gerecht zu werden. Der Text soll in einer Form inszeniert werden, die die Zuhörer anspricht. Ein vor einem Wasserglas genuschelter Text auf kahlem Podium in einem spärlich gefüllten Saal macht den Zuhörern wahrscheinlich genauso wenig Freude wie dem vortragenden Produzenten des Buches.

Das literarische Nightclubbing in einigen deutschen Großstädten stellt den anderen Pol des Kontinuums literarischer Präsentationsformen dar. Der *Machtclub* in Hamburg oder das *Kaffee Burger* in Berlin, die einer langjährigen literarischen Szene erwachsen sind, erfreuen das Publikum mit Lokalheroen und großen Namen, aber auch unbekannten Poeten. Der Erfolg dieser Clublesungen beruht darauf, dass das Publikum die Aufhebung der Trennung von „ernster" und „Unterhaltungs"literatur mit entsprechenden Präsentationsformen angenommen hat. Eine Lesung kann sowohl Spaß machen als auch Inhalte vermitteln als auch Kunst sein.

Anhand des Beispiels Clublesungen zeigen wir, wie so etwas geht: eine Lesung erfolgreich organisieren. Die wesentlichen Punkte wie Autorenauswahl, Pressearbeit, Moderation etc. sind auf andere Veranstaltungsformen übertragbar. Dieses Handbuch stellt die wichtigsten Schritte praxisnah dar:

- Wie trete ich an meinen Wunschautor oder meine Traumautorin heran?
- Was ist der richtige Rahmen, gerade ihn oder sie zu präsentieren, und was macht eine gute Moderation aus?
- Was muss ich bei der Suche nach einem geeigneten Raum für die Lesung beachten?
- Wie organisiere ich einen Büchertisch für den Abend?

- Wie informiere ich die Presse, und wie erreiche ich es, dass mein Zielpublikum von der Lesung erfährt?
- Und nicht zuletzt: Wie finanziere ich die Veranstaltung?

Im ersten Kapitel zeigen wir auf, was bei der Autorenauswahl und -akquise zu beachten ist, und welche Fragen rund um den Veranstaltungsort zu klären sind. Im Abschnitt Finanzierung erläutern wir eine realistische Budgetierung sowie das Anwerben von Mitteln, sei es durch institutionelle Förderung oder durch Sponsoren. Dort finden Sie auch Hinweise zu Rechts- und Steuerfragen sowie Checklisten für den Ablauf der Veranstaltung.

Im Kapitel „Öffentlichkeitsarbeit" geht es um die Entwicklung der Veranstaltung zu einer Marke und natürlich um Aufbau und Pflege der Kontakte zur Presse und Medienpartnern. Ein Abschnitt widmet sich den Werbemitteln, von Plakaten bis zur Website. Um interessierte Zuhörer zu binden, gibt es verschiedene Wege, die wir anhand von „Produkten" vorstellen. Zum Abschluss zeigen wir anhand einer ausgewählten Veranstaltung Schritt für Schritt auf, was für die Organisation einer erfolgreichen Lesung nötig ist.

Seit dem Jahr 2000 führen zehn Hamburger Autoren, Verleger und Veranstalter monatlich den *Machtclub* durch. Sie laden in der Regel drei Autoren ein, ihre literarischen Werke auf der Bühne des Malersaals des Deutschen Schauspielhauses in Hamburg zu präsentieren. Im Hintergrund stand für die Beteiligten der Gedanke, auch eigene Neuerscheinungen auf diese Weise vorzustellen. Als 1999 Macht e.V. gegründet wurde war es das Ziel, bekannte wie lokale Autoren durch Lesungen und Veröffentlichungen zu fördern und die Kräfte verschiedener Veranstalter zu bündeln. Der Name „Macht" formuliert eine Handlungsaufforderung und erschien den Beteiligten zugleich als größtmögliches Label. Ein junges Publikum sollte in höherem Maße, als es zuvor gelungen war, erreicht werden. Macht e.V. ist also eine Autoren-, Verleger- und Veranstalterinitiative, die es sich zum Ziel gesetzt hat, das Publikum auf eine Art und Weise zu begeistern, die es zuvor nicht gab: mit einer Literaturshow, die die Zuhörer durch eine Mischung von Text und Musik, Theater oder Film mitreißt. Denn Literatur soll Spaß machen, ohne dass ihre Qualität dadurch leidet. Das Anliegen war es, Literatur einen Rahmen zu geben, der über die herkömmliche Lesung hinausgeht. Dies trug auch der Entwicklung Rechnung, dass viele Autoren die Präsentation ihrer literarischen Werke ohnehin längst mit Musik, Filmen, Videoprojektionen oder szenischen Lesungen verbinden.

Diese Literaturshow begann im Mojo Club auf der Reeperbahn und lockte Monat für Monat bis zu 300 Gäste an den schummrigen Ort am Millerntor, um Literatur zu genießen und sich unterhalten zu lassen. Zu den präsentierten Autoren gehörten internationale wie deutsche Literaten, vom unbekannten Nachwuchs bis zu großen Namen wie Georg Klein, Michael Lentz, Birgit Vanderbeke oder Wladimir Kaminer.

Der Erfolg dieses Lesereihen-Konzeptes, das die Protagonisten mit engagierter Moderation verbindet, liegt diesem Buch zugrunde. Aus der Idee, die literarischen Energien der städtischen Off-Kultur zu konzentrieren, entstand eine Reihe, die seit vier Jahren Hunderte von Zuhörern in ihren Bann zieht. Das Charakteristische am Machtclub ist es, nicht nur dem Text einen gewichtigen Teil der Veranstaltung einzuräumen, sondern auch der Präsentation durch den Autor und darüber hinaus der Präsentation des gesamten Abends selbst.

Wie gesagt: Literatur darf durchaus Spaß machen, auch wenn sie ernsten Inhalts ist. Es sollen Bedingungen geschaffen werden, das Publikum zu unterhalten, auch wenn es um „hohe" Literatur geht – wer ist schon legitimiert, darüber zu befinden? Basierend auf eigenen Erfahrungen mit Lesungsorganisation wendet sich der Machtclub an ein Publikum, das an Literatur interessiert ist, traditionellen Lesungen aber eher skeptisch gegenübersteht. Es wäre ein Missverständnis zu glauben, urbanes Publikum werde ausschließlich durch „Popliteratur" angezogen. Der Machtclub erreicht ein Publikum, das etablierte Autoren hören und sehen will, gleichzeitig aber der Idee gegenüber offen ist, Literatur mit Spaß und Willen zur Öffentlichkeit zu präsentieren.

II. Die Organisation – Lesung, Vortrag, Event

Blickt man in die literarischen Veranstaltungskalender deutscher Großstädte, so fallen regelmäßige Veranstaltungen in Literaturhäusern auf,
eher sporadische in Theatern, Buchhandlungen, Clubs und Kulturein-
richtungen. Ins Auge stechen zumeist die großen Namen, internationale
Star-Autoren, die auf Lesereise sind. Daneben gibt es die Buchpräsen-
tation arrivierter Autoren, die Talentschau oder den Poetry Slam. Hinzu
kommen jährlich stattfindende Literaturfestivals wie die *Lit.Cologne*
oder *Leipzig liest*.

So erfreulich die Vielfalt auch ist, es stellt sich die Frage nach Qualität
und Effektivität der jeweiligen Veranstaltung. Wann war eine Lesung erfolgreich? Hierzu sind Qualitätskriterien zu entwickeln, wie sie in etwa
auch für eine Bühnenaufführung gelten.

- Ist der Autor in einem würdigen Rahmen präsentiert worden?
- Hatte er ausreichend Zeit, sein Werk dem Publikum vorzustellen?
- Waren die technischen Voraussetzungen für einen guten Vortrag gegeben?
- Wie wirkten Licht und Bühnendekoration?
- War die Moderation angemessen?
- Kam das Publikum auf seine Kosten?
- Konnte der Büchertisch Umsätze verzeichnen?
- Hatte der Verlag einen Werbeeffekt?
- Wie waren die Besucherzahlen, was hat der Abend eingespielt?
- Und: Wie fiel die Reaktion der Medien aus?

Das Publikum möchte in seiner Mehrzahl einen unterhaltsamen Abend
mit Literatur verbringen und einen nachhaltigen Eindruck vom Lesen als
Akt und Prozess gewinnen. Das Interesse an der örtlichen Literaturszene
ist oftmals groß. Es gibt die Neugier auf junge Talente ebenso wie den
Respekt vor dem gestandenen Schriftsteller. Akademische Strenge wirkt
dabei ebenso stimmungsfeindlich wie totaler Klamauk. Vielfach ist die
Frage: Wo kann ich eine Lesung in einer Fülle erleben, wie Kino oder
Konzert sie bieten? Aufgabe des Veranstalters ist es, eben diesen Rahmen zu schaffen.

1. Konzept

Um eigene Vorstellungen zu verwirklichen und sich von Konkurrenz-veranstaltungen abzugrenzen, ist es notwendig, ein Konzept zu entwickeln.

- Will ich als Veranstalter eine bestimmte Art von Literatur vorstellen oder die Stile bewusst mischen?
- Beschränke ich mich auf die Literatur oder versuche ich, andere Elemente wie Musik, Theater, Film zu integrieren?
- Will ich ausschließlich junge Autoren präsentieren oder setze ich auf die Jugend des Textes?
- Sollen bevorzugt Prominente eingeladen werden oder gebe ich der lokalen Szene eine Chance?

In jedem Fall ist es zu empfehlen, die Veranstaltung als Reihe zu konzipieren. Ein regelmäßiger Termin verfestigt sich in den Köpfen des Publikums und gibt die Möglichkeit, eine Idee über einen längeren Zeitraum zu entwickeln. Auch müssen sich die Abläufe von der Pressearbeit bis hin zur Präsentation des Abends einspielen. Das Publikum wird nach und nach an die Veranstaltung gebunden.

Wie Beispiele, etwa aus Hamburg und München zeigen, bildet sich ein festes Publikum für Veranstaltungsreihen, das zu einem regelmäßigen Termin in *seine* Veranstaltung geht, in *seiner* Umgebung ist und auf *seinen* Moderator trifft. Der Moderation sollte ein hoher Stellenwert eingeräumt werden. Es geht nicht nur darum, den jeweiligen Autor vorzustellen, sondern auch galant durch den Abend zu führen und durch knappe, pointierte Überleitungen Akzente zu setzen. Der Moderator verhilft dem Abend zu einer Dramaturgie. Andererseits darf er dem eigentlichen Star des Abends, dem Autor, nicht die Show stehlen. Im Mittelpunkt steht immer noch das gelesene oder gesprochene Wort. Der Moderator (oder das Moderatorenpaar) stellt die Verbindung zwischen Autor und Publikum her. Teil der literarischen Clubkultur ist der DJ geworden, der vor und nach der Veranstaltung sowie in den Pausen auflegt. Ihm kommt dabei die Rolle zu, eine klangliche Atmosphäre zu schaffen und die Lesung zu pointieren. Idealerweise ist die Musik auf das literarische Programm des Abends abgestimmt.

Innerhalb einer Veranstaltungsreihe kann pro Abend ein Autor, es können aber auch mehrere Autoren vorgestellt werden. Es muss nicht immer ein aktuelles Buch präsentiert werden, sondern man kann auch einen thematischen Schwerpunkt setzen. Als Themenabend wäre beispielsweise denkbar, nur Lyriker aus der Schweiz einzuladen oder nur Berliner Autorinnen unter 25 Jahren. Im Hinblick auf die Öffentlichkeitsarbeit ist es in jedem Fall ratsam, dem Abend ein Motto zu geben. Dieses Motto gibt zugleich einen Hinweis auf die Dekoration der Bühne, auf die Gestaltung der Flyer und Plakate wie auch auf die Formulierung des Pressetextes. Für die Moderation kann sich das Motto zu einem „running gag" entwickeln, der das Publikum auf den Abend einstellt. Zu einer Veranstaltungsreihe gehören also ein einprägsamer Name, ein fester Ort, ein fester Termin, ein festes Moderatorenteam. Das Publikum soll den Kontext sofort wiedererkennen und sich auf *seiner* Veranstaltung fühlen (siehe auch Kapitel VII).

Zu klären bleibt die Frage, wer als Veranstalter geeignet ist und welche Fähigkeiten er mitbringen muss. Literaturveranstalter ist kein Ausbildungsberuf, man schlüpft sozusagen in die Rolle des Event-Managers. Naturgemäß kommen die meisten aus Interesse an Büchern und ihren Autoren zur Veranstaltertätigkeit. Literarisches Wissen bildet dabei zwar eine wichtige Grundlage, es nützt jedoch nichts, allein literarisch gebildet zu sein. Gefragt sind darüber hinaus Organisationstalent, die Fähigkeit zur Kommunikation und das Bewusstsein fürs Publikum. Ein Literaturveranstalter ist Organisator, Kommunikator und Moderator; dies sind seine Haupteigenschaften.

Literatur ist ein Teil des öffentlichen Lebens. So intim das Lesen eines Buches sein mag, so öffentlichkeitswirksam kann der Auftritt eines Schriftstellers sein. Der Autor wird dann zum Performer und weiß sein Buch auf die Bühne zu bringen. Der Veranstalter hat die Aufgabe, ihm genau das zu ermöglichen. Durch gute Organisation führt er den Autor zum Publikum und das Publikum zum Autor. Es ist naheliegend, dass man Lesungen im größeren Stil nicht allein durchführen kann. Rechtzeitig ist also an Teambildung zu denken, durch die jeder seinen Fähigkeiten entsprechend eingesetzt wird. Wer eignet sich für die Pressearbeit, wer kennt sich mit der Bühnentechnik aus, wer gestaltet Flyer, wer hat gute Kontakte zu Autoren? Dem Anforderungsprofil eines Literaturveran-

stalters entspricht also jemand, der die Faszination von Literatur und ihrer öffentlichen Wirkung kennt und permanent die Fühler danach aus-
streckt, den geeigneten Autor auf die richtige Bühne zu bringen.

2. Ort und Technik

Ebenso wichtig wie das Veranstaltungskonzept ist der Veranstaltungsort.
Wenn ich nicht an die Räumlichkeiten eines Literaturhauses oder einer
Buchhandlung gebunden bin, kann ich bewusst einen Ort wählen, der
ein größeres Publikum anzieht, vielleicht sogar nahe der Vergnügungs-
meilen liegt. Entscheidendes Kriterium für die Auswahl ist die Größe.
Plane ich die Veranstaltung für 50, 100, 300 Zuschauer? Ist die Lesungs-
reihe noch nicht etabliert, empfiehlt sich ein Platz, der beim Publikum
bereits eingeführt und für die Zielgruppe interessant ist. Das kann ein
Kino sein, ein Musik-Club oder ein Theater. Denkbar ist auch ein „kul-
turfremder" Ort, der eigens für Veranstaltungen hergerichtet wird, wie
beispielsweise ein Hotel, ein Planetarium oder ein Schiff. Der Ort muss
in jedem Fall gut erreichbar sein und die nötige Infrastruktur für öffentliche Veranstaltungen bieten. Dazu gehören

- eine Bühne
- möglichst separate Gastronomie
- technische Voraussetzungen
- ausreichend Personal
- eine Kasse
- eine Garderobe
- ein Haustechniker.

Im Idealfall profitiert man von dem positiven Image des Veranstaltungsortes und spricht ein bereits vorhandenes Publikum an. Abgeschieden-
heit und kulturelle Starre wirken zumindest auf jüngere Zuschauer nicht
attraktiv. Die abendliche Literaturveranstaltung kann ja auch erste Etap-
pe eines Nightclubbings sein.

Die Location sollte unbedingt eine eigene Ausstrahlung haben. Sie als
Veranstalter müssen sich vorstellen können, dass hier hundert und mehr
Menschen einen vergnüglichen Abend verbringen. Die Bestuhlung kann
dabei variabel gehandhabt werden. Ein alter Kinosessel wirkt oft anspre-

chender als ein praktischer Klappstuhl. Es ist auch nicht dringend erforderlich, dass für jeden Zuschauer ein Sitzplatz vorhanden ist. Manche machen es sich am Stehtisch bequem, andere bevorzugen ein Sitzkissen. Feste Stuhlreihen erzeugen Starre, sind aber an manchen Veranstaltungsorten notwendig. Die Bühne sollte so groß sein, dass mehrere Personen gleichzeitig agieren können. Es muss Platz für einen Lesetisch mit Lampe und Mikrofon da sein, für mindestens ein Stehmikrofon, möglichst auch für einen DJ mit entsprechender Ausrüstung. Projektionen im Rücken des Autors sollten möglich sein. Dort kann das Logo des Veranstalters erscheinen oder auch eine thematische Auswahl von Bildern. Projektionen sind auch denkbar an den Wänden seitlich der Bühne. Weiterhin ist an Platz für den Tontechniker zu denken, der zumeist in der Mitte des Raumes steht. Von großer Bedeutung ist der Backstage-Raum, wo Moderator und Autor sich umkleiden können, wo Getränke bereitstehen und letzte Absprachen getroffen werden können. Viele Autoren legen Wert darauf, kurz vor dem Auftritt ihre Texte noch einmal durchgehen zu können. Ein leidiges Thema bei Veranstaltungen ist das Rauchen. Im Veranstaltungsraum selbst wird sich auf lange Sicht das Rauchverbot durchsetzen, backstage und an der Bar sollte es jedoch erlaubt sein. Der Servicebereich der Gastronomie ist idealiter vom Veranstaltungsraum getrennt, da die damit zusammenhängenden Geräusche sowohl den Vortrag des Künstlers als auch die Aufmerksamkeit des Publikums stören. Für Menschen mit Gesprächsbedarf sollte ein Foyer bereitstehen. Möglichst nahe des Eingangs wird der Büchertisch aufgebaut, an dem man vor und nach der Lesung sowie in der Pause ein speziell für den Abend zusammengestelltes Angebot erhält (siehe Kapitel II.6).

Was die Veranstaltungstechnik betrifft, sind mehrere Mikros, Mikroständer, Bühnenlicht und eine Lautsprecheranlage notwenig. Es ist unverzichtbar, vor der Veranstaltung einen Soundcheck vorzunehmen. Wer im größeren Stil veranstaltet, braucht einen Tontechniker, der den ganzen Abend über präsent ist. Technische Defekte können die ganze Veranstaltung kippen.

Grundsätzlich stellt sich die Frage, ob man solche Leistungen selber erbringt oder jemanden damit beauftragt. Da die Kosten für Dienstleister enorm sein können, empfiehlt es sich häufig, mit dem Argument des kulturellen Anspruchs Sonderkonditionen auszuhandeln oder, noch besser, eine Firma als Förderer mit in das Projekt einzubinden. Gerade auch kulturfremde Unternehmen können von dem Imagegewinn durch eine Literaturveranstaltung profitieren. Bei jeder einzelnen Handlung des Veranstalters muss Professionalität gewährleistet sein. Ton und Licht müssen stimmen, es dürfen keine störenden Geräusche auftreten. Egal, ob bei der Bewirtung des Publikums oder bei der Zusammenstellung eines Büchertisches, man braucht professionelle Kräfte. Gelingt es dem Veranstalter nicht, Leute aus dem eigenen Team heranzuziehen, muss er einen entsprechenden Dienstleister damit beauftragen. Die Kooperation mit Gastronomen, Buchhändlern und Tontechnikern bietet sich hier an.

3. Ablauf und Moderation

Zum Ablauf der Veranstaltung wird unten ein Fallbeispiel geschildert. An dieser Stelle werden nur allgemeine Empfehlungen gegeben, wie man einen Abend dramaturgisch gekonnt gestaltet.

Eine abendfüllende Veranstaltung dauert etwa 90 Minuten plus Pause. Die Aufmerksamkeit des Publikums für den Vortrag eines einzelnen Autors reicht für ungefähr 45 Minuten. Danach sollte eine Unterbrechung oder ein anderes Programmelement folgen. Um den Abend abwechslungsreich zu gestalten, empfiehlt es sich, mehrere Autoren oder Künstler einzuladen. Man erreicht dadurch ein größeres Publikum und spricht mehrere Aspekte an.

Es ist beispielsweise möglich, einen Star-Autor, ein Nachwuchstalent und einen halbwegs Etablierten am selben Abend auftreten zu lassen oder Künstler verschiedener Sparten einzuladen. Hierzu muss der Veranstalter jedoch sehr genau die Gepflogenheiten von Musikern, Filmleuten und anderen kennen. Auch müssen die Honorarvorstellungen von Nicht-Literaten in Betracht gezogen werden. Die Frage lautet: Profitiere ich von Künstlern aus anderen Sparten oder bleibe ich bei der Literatur? Die Kombination von Autoren und anderen Vortragenden verlangt ein hohes Maß an veranstalterischem Geschick, und das Publikum ist nicht immer leicht darauf einzustellen. Gleichwohl sollte man sich die Option offen halten. Längst eingeführt sind Veranstaltungen mit Autor und Übersetzer. Dadurch, dass man verschiedene Sprachen und Stimmen präsentiert, lässt der Abend sich sehr abwechslungsreich gestalten. Einem guten Veranstalter gelingt das Wechselspiel zwischen dem ausländischen Schriftsteller und seinem deutschen Übersetzer. Manche Autoren lassen sich von einem Musiker begleiten, es ist auch denkbar, dass sich mehrere Autoren oder Schauspieler zu einer szenischen Lesung zusammenfinden.

Das Autorengespräch, wie es auf klassischen Literaturhaus-Veranstaltungen üblich ist, fällt im Event-orientierten Bereich ganz weg. Durchführbar erscheint eine solche Diskussion im kleineren Rahmen, etwa in einer Buchhandlung mit literarisch interessierter Kundschaft, die auf den persönlichen Kontakt mit dem Autor wert legt. Viele Schriftsteller der jungen Generation meiden die Fragen des Publikums, weil sie ihnen oftmals stereotyp scheinen („Ist Ihr Werk autobiografisch?"). Hat man jedoch einen seltenen oder internationalen Gast, sollte man sich nicht lumpen lassen und ein wohlmoderiertes Gespräch mit ihm führen.

Der Moderator eröffnet den Abend, begrüßt das Publikum und dankt den Sponsoren. Für die Vorstellung des Künstlers und seines aktuellen Werkes reichen fünf Minuten. Wer sich genauer informieren will, wird auf die Website verwiesen bzw. auf den Pressetext, der am Büchertisch ausliegt. Der Literaturveranstalter muss von einem wissenden Publikum ausgehen, viele Zuschauer haben sich aus der Presse informiert oder bereits ein Buch des Autors gelesen. Der Autor selbst hat zudem Gelegenheit, in seinen Text einzuführen, konzentriert sich jedoch auf seinen Vortrag.

Unter Literaturveranstaltern ist es eine Streitfrage, ob der Autor stehen oder sitzen sollte. Man löst dieses Problem, indem man beide Möglichkeiten anbietet und ihn selbst entscheiden lässt. Will der Autor unbedingt auf einer Luftmatratze liegen oder in einem Schlauchboot sitzen, soll er das tun. In aller Regel wird sich jedoch die traditionelle Lösung mit Tisch und Wasserglas durchsetzen. Der Moderator ist erst wieder gefragt, wenn ein Programmteil endet und ein neuer einzuleiten ist. Sympathischer als der einzelne Moderator wirkt oft das Moderatorenpaar. Voraussetzung dafür ist, dass man sich sehr gut abstimmt und auch einen persönlichen Draht zueinander hat. Disharmonien wirken sich auf der Bühne sehr negativ aus. Im Idealfall spielt sich das Moderatorenpaar die Bälle zu und führt galant durch den Abend. Das Paar kann klassischerweise männlich-weiblich sein, wichtig ist aber vor allem, wie gesagt, sein Zusammenspiel. Eine mögliche Variante ist, dass der Veranstalter nicht selbst moderiert, sondern eine publikumswirksame Person dazu einlädt. Für Einzelveranstaltungen ist das Engagement eines Prominenten denkbar, für Veranstaltungsreihen ist dies jedoch zu kostspielig.

Notwendig sind zudem ein Zeitplan und eine klare Abfolge der Programmteile. Hierzu sollte man eigens eine Person als Abendmanager abstellen. Viele Autoren neigen dazu, die vorgegebene Zeit zu überschreiten. Manche verkürzen ihren Vortrag auch unnötig. Der Veranstalter muss bereits in der Vorbereitung genau mit dem Autor absprechen, welche Texte oder Passagen er liest und wie viel Zeit er dafür benötigt. Ebenso muss der Autor mit Bühne, Licht und Ton vertraut gemacht werden. Es ist während der Veranstaltung kaum möglich, Korrekturen vorzunehmen. Dennoch ist es unabdingbar, ständig einen Blick auf die Akteure wie auch auf das Publikum zu haben. Ist das Publikum aufmerksam und in guter Stimmung, hat der Veranstalter alles richtig gemacht. Wenn die Zuschauer murren oder gähnen, muss er schnellstmöglich reagieren. Darüber sollte man aber nicht vergessen, dass es möglich sein muss, dem Publikum etwas zuzumuten. Literatur ist nicht immer eingängig, sondern entfaltet ihre Wirkung häufig erst später. Klar ist, dass es im Publikum immer unterschiedliche Meinungen gibt.

Aus Sicht des Veranstalters ist es wichtig, dass der Programmablauf eingehalten und die Aufmerksamkeitsgrenze des Publikums nicht überschritten wird. Ansonsten lässt er Autor und Zuschauer frei kommunizieren. Der Moderator meldet sich nur dann zu Wort, wenn er wirklich eine Funktion hat; Zurückhaltung ist auch die Eigenschaft des DJs. Im Zentrum der Veranstaltung steht der ungestörte Vortrag des Autors, der nachhaltig auf das Publikum wirken soll. Es zeigt sich bei Lesungen, dass viele Schriftsteller durchaus publikumsbewusst sind und sich speziell für den Abend etwas einfallen lassen. Das Publikum wiederum ist sehr empfänglich für Vortragskunst auf hohem Niveau. Es ist ein Mythos, dass Schriftsteller nicht adäquat aus ihrem Werk vorlesen können. Oftmals ist ihre Stimme authentischer als die eines Schauspielers oder Sprechers. Schließlich kennt der Autor seinen Text am besten und weiß, welcher Ton zu treffen ist. Ziel der Veranstaltung ist es, dem Publikum eine Form von „Vorlese-Glück" zu vermitteln. Im Idealfall haben Autor, Moderator und Zuschauer ein *Flow-Erlebnis*. Wer sich für den literarischen Aspekt von Lesungen interessiert, sei auf den Sammelband *Auf kurze Distanz* verwiesen, in dem sich verschiedene Schriftsteller zum Phänomen Lesung äußern. Genauso wichtig wie die Vorbereitung ist eine gründliche Nachbereitung des Abends. Man bespricht mit dem Autor, wie die Lesung aus seiner Sicht gelaufen ist, man hört sich Stimmen aus dem Publikum an und diskutiert im eigenen Team. Natürlich ist bei einem Live-Auftritt nie alles perfekt, aber wer sich für die Organisation einer Veranstaltungsreihe entschieden hat, wird um permanente Verbesserung bemüht sein.

Die Moderation

- eröffnet den Abend und begrüßt das Publikum
- dankt den Sponsoren, Förderern und Unterstützern der Veranstaltung (alle werden namentlich genannt!)
- stellt das Programm des Abends vor und erklärt den Ablauf der Veranstaltung
- weist auf den Büchertisch hin sowie auf das gastronomische Angebot
- stellt den Autor und sein aktuelles Werk vor (ca. 5 Min.), gegebenenfalls auch den DJ
- sagt die Pause an (ca. 15 Min.)
- eröffnet den zweiten Teil der Veranstaltung und stellt die Konzentration des Publikums wieder her
- stellt gegebenenfalls einen weiteren Autor und sein aktuelles Buch vor
- beendet den Abend, dankt den Autoren sowie Publikum und allen Beteiligten
- bedankt sich nochmals bei allen Sponsoren, Förderern und Unterstützern (namentliche Nennung nicht notwendig)

4. Autorenauswahl und -akquise

Durch eine Vielzahl neuer Autoren ist der Literaturmarkt in den vergangenen Jahren unübersichtlich geworden. Es gibt zwar nach wie vor den beständigen, etablierten Autor, der alle zwei bis drei Jahre einen Roman veröffentlicht. Sein Buch wird rechtzeitig vom Verlag angekündigt, so dass sich Buchhändler und Literaturveranstalter darauf einstellen können. Gerade im Taschenbuchbereich gibt es jedoch eine Flut von Debütanten. Es sind zumeist junge Schriftsteller und Schriftstellerinnen aus der Sparte Pop-Literatur, die oft schon nach wenigen Jahren niemand mehr kennt. Nur wenige Autoren werden von ihren Verlagen kontinuierlich aufgebaut, so dass sie sich zu Schriftstellerpersönlichkeiten entwickeln können. Der Literaturmarkt ist schnelllebig geworden, das Marketing oftmals kurzatmig. Viele Jahre haben Verlage die Lesung als Marketinginstrument nicht erkannt oder nicht konsequent angewendet. Sicherlich wurden Top-Autoren auf Lesereise geschickt, sie lasen zumeist in Literaturhäusern, Großbuchhandlungen oder Theatern. Aber auch Debütanten suchen ihr Publikum und auch weniger bekannte Autoren können für eine hervorragende Literaturveranstaltung sorgen – alles eine Frage der Organisation.

Der Veranstalter sichtet den Markt permanent. Er liest die überregionalen Zeitungen, studiert die Branchenblätter, geht in Buchhandlungen, sucht den Kontakt zu Verlagsmitarbeitern. Selbstverständlich geht er zu Lesungen und informiert sich über die örtliche Szene. Der Literaturveranstalter entwickelt eine Nähe zum Autor, indem er ihn bei Lesungen beobachtet und seine Bedürfnisse wie die des Publikums erkennt. Diese Nähe ermöglicht bei eigenen Veranstaltungen eine angemessene Moderation.

Im Umgang mit dem Autor ist der Veranstalter respektvoll, aber keineswegs schüchtern; denn beide Seiten haben ein Interesse, und der Autor erwirtschaftet einen bedeutenden Teil seiner Einkünfte durch Lesungen und öffentliche Auftritte. Bei der Auswahl des geeigneten Autors muss der Veranstalter sich folgende Fragen stellen: Ist der Autor publikumswirksam? Was ist er für ein Typ? Liest er gut, liest er gerne vor Publikum? Kann man ihm eine Situation mit 300 Zuschauern zutrauen? Indem man die Presse sichtet, selbst Bücher liest und Literaturveranstaltungen besucht, sammelt man Informationen. Dieses Wissen über den Autor, seinen Verlag beziehungsweise Agenten und sein aktuelles Werk ist systematisch zu verwalten und aufzubereiten.

Es empfiehlt sich, eine Autorenkartei anzulegen oder auch kleinere Dossiers zu schreiben. Verzeichnet werden der Name des Autors, Alter, Adresse, Verlag, gegebenenfalls Agent und aktuelle Veröffentlichungen. Hat man den Autor selbst auf einer Lesung erlebt oder kennt Leute, die ihn gesehen haben, macht man sich Notizen. Der Veranstalter ist selbstverständlich auch in Kontakt mit Kollegen und tauscht Informationen aus. Das größte Kapital des Veranstalters aber ist Erfahrung. Zugleich betätigt er sich als Talent-Scout und bleibt neugierig.

5. Zusammenarbeit mit Verlagen

Hat man sich für einen Schriftsteller entschieden, tritt man entweder direkt an ihn heran oder sucht den Kontakt über den Verlag. Dort gibt es zumeist eine Abteilung für Presse- und Öffentlichkeitsarbeit, in der auch die Veranstaltungen angesiedelt sind. Man nimmt entweder online oder telefonisch den Kontakt zur zuständigen Person auf, bekundet Interesse an einem bestimmten Autor und lässt sich ein Leseexemplar schicken. Hierbei ist die Frage zu klären, ob der Autor direkt angesprochen werden kann oder ob der Kontakt über den Verlag bzw. Agenten läuft. Man erkundigt sich nach Honorarvorstellung und Wohnort des Künstlers, da die Anreise ein bedeutender Kostenfaktor sein kann (siehe auch Kapitel IV Finanzierung). Kommt es zu der Lesung, werden beim Verlag natürlich auch ausgewählte Titel für den Büchertisch geordert.

In der Regel hat der Veranstalter direkten Kontakt zum Autor, man verständigt sich über Lesezeit und Honorar. Die Bedingungen der Lesung vor Ort müssen sehr genau dargestellt werden. Der Autor muss wissen, was ihn erwartet, möglicherweise stimmt er sein Programm darauf ab. Für den Veranstalter ist es wichtig zu wissen, welche Texte oder Passagen ein Autor liest, denn er braucht Informationen für seine Moderation. Für den Inhalt der Lesung ist immer der Autor selbst verantwortlich, der Veranstalter präsentiert ihn nur. Ebenso wichtig wie die Nähe zum Autor ist die Distanz zu ihm, denn erreichen will man ja das Publikum. Es ist ein typischer Anfängerfehler, immer nur den persönlichen Wunschautor einladen zu wollen. Das ist legitim, steht aber einer professionellen Arbeit im Weg. Die entscheidende Frage lautet: Passt der Autor zu meiner Veranstaltung, hat er beim Publikum eine Chance?

Die gute Zusammenarbeit mit Verlagen wird dann relevant, wenn es gilt, internationale Autoren nach Deutschland zu holen und dem hiesigen Publikum zu präsentieren. Da für solch eine Lesung hohe Reisekosten entstehen, ist über die gemeinsame Finanzierung von Verlag und Veranstalter zu diskutieren. Denkbar ist auch, dass sich mehrere Veranstalter die Kosten teilen oder dass man ein spezielles Sponsoring für einen Stargast entwickelt.

6. Büchertisch

Eine Lesung kann unmittelbarer Anreiz zum Kauf eines Buches sein. Hat der Autor einen beeindruckenden Auftritt hingelegt, kann es sein, dass in der Pause oder nach der Veranstaltung ein regelrechter „run" auf seine Bücher entsteht. Es ist also naheliegend und im Interesse des Publikums, dass ein gut sortierter Büchertisch bereit steht. Dieser wird im Eingangsbereich des Veranstaltungsraums oder an der Kasse platziert. Es reicht in der Regel, wenn eine Person den ganzen Abend über den Büchertisch betreut und bereitwillig Auskünfte gibt. Wird der Andrang nach der Veranstaltung zu groß, sollte eine zweite Person herangezogen werden. Eine Kasse, Quittungsblock sowie Schreib- und Verpackungsmaterial stehen bereit.

Beim Sortiment ist darauf zu achten, dass unbedingt das aktuelle Werk des Autors bereitliegt und dass auch ältere Titel angeboten werden; möglicherweise hat der Autor auch Hörbücher veröffentlicht. Weiterhin wird nach Genreverwandtschaften ein Programm zusammengestellt, das die Zuschauer, also Kunden, wahrscheinlich interessieren wird. Hat man z.B. einen Lyriker zu Gast, werden Gedichtbände auch von anderen Autoren angeboten. Gleiches gilt für Kriminalschriftsteller, Kinderbuchautoren und Slam-Poeten. Denkbar ist es, die Literatur einer Generation zusammenzustellen, beispielsweise die Pop-Literatur, möglicherweise bietet sich auch ein lokaler Zusammenhang an, also Literatur etwa aus Österreich, aus Berlin und dergleichen mehr. Hat das Veranstaltungsteam eigene Produkte anzubieten wie Bücher, Zeitschriften,

CDs usw. gehören diese selbstverständlich ins Sortiment, das aktuell sein und übersichtlich präsentiert werden sollte. Der Kunde sollte möglichst auf den ersten Blick sehen, was ihn interessiert. Das Blättern in Büchern ist ausdrücklich erlaubt, also wird zumindest ein Exemplar des jeweiligen Titels von seiner Folie befreit.

7. Zusammenarbeit mit Buchhandlungen

Es stellt sich die Frage: Wird der Büchertisch vom Veranstalter selbst betrieben oder sucht man sich einen Partner aus dem örtlichen Buchhandel? Wenn das Team selbst nicht über einen Buchhändler verfügt, sollte man sich vor Ort einen mittelgroßen Sortimenter suchen, dessen Image dem Charakter der Veranstaltung entspricht. Der Buchhändler hat die Chance, seinen Umsatz zu erhöhen und den Werbeeffekt der Veranstaltung zu nutzen. Schließlich entsprechen die Zuschauer ja möglicherweise seiner Zielgruppe. Der Veranstalter erspart sich durch die Partnerschaft eine Menge Arbeit und läuft nicht Gefahr, als Hilfsbuchhändler zu dilettieren. Das Publikum soll einen kompetenten Ansprechpartner haben, außerdem muss sauber abgerechnet, pünktlich angeliefert und gründlich aufgeräumt werden.

Hat man sich für eine Partnerschaft entschieden, kann man über Formen wechselseitiger Werbung nachdenken. Der Sortimenter könnte beispielsweise den Namen seiner Buchhandlung auf einem Banner präsentieren, das am Büchertisch befestigt wird. Möglich ist auch, dass sein Name auf Flyern und Plakaten erscheint. Im Gegenzug kann das Plakat für die jeweilige Veranstaltung an prominenter Stelle im Buchladen aufgehängt werden, Flyer können am Kassentisch auslegen. Übertreiben sollte man den Aufwand für diese Werbung nicht, denn dem Insider reicht es zu wissen, dass der beste Veranstalter vor Ort mit dem besten Buchhändler zusammenarbeitet; beide erzielen einen Imagegewinn. Bei Veranstaltungsreihen ist es ratsam, dass immer dieselbe Person am Büchertisch arbeitet. Denn zu bekannten Gesichtern haben die meisten Menschen größeres Vertrauen, mithin größere Kaufbereitschaft. Von Vorteil ist es, wenn der Buchhändler in etwa das gleiche Alter hat wie die Zielgruppe der Veranstaltung. Der Umgang mit dem Kunden sollte betont freundlich sein und ist in der Regel lockerer als in der Buchhandlung.

III. Öffentliche Literatur – deutschsprachige Lesebühnen

Seit den Erfolgen junger deutschsprachiger Autoren wie Judith Hermann (*Sommerhaus, später*) und Benjamin von Stuckrad-Barre (*Soloalbum*) zieht es eine literarisierte Öffentlichkeit zunehmend zu den urbanen Lesebühnen. In den späten neunziger Jahren entstand ein neuer Begriff von Popliteratur, der die Stilisierung von Autoren als Popstars beinhaltete. Erzählt wurden Alltagsgeschichten in eingängiger Form mit einer Ausdrucksweise, die den Sprachgewohnheiten des Publikums nah war. Literatur wurde so Teil der Popkultur und erschloss sich neue Leserschichten.

Seit Mitte der Neunziger sind Poetry Slams in deutschen Großstädten ein Publikumsmagnet. Entwickelt wurde diese Form des literarischen Wettstreits in den USA, aber enorm viele deutschsprachige Autoren schlossen sich der „spoken-word-community" an. Veranstaltungen wie *Hamburg ist Slamburg* oder die Münchner Poetry Slams im *Substanz* haben bis heute nicht an Attraktivität beim Publikum eingebüßt. Hinzu kamen kabarettistisch anmutende Literaturshows und Nachbarschaftslesungen, die regelmäßig ihren Hörerkreis fanden.

Poetry Slam
Slam Poetry ist schnell, direkt und knapp. Splatter, Weisheit, Blues, Karneval, Parodie oder Paranoia – alles eine Sache von Sekunden, Rhythmus und Pointierung.
taz

Ein Poetry Slam [slam, engl. schlagen, knallen, besiegen] unterliegt drei Prinzipien: Es gibt keine Vorauswahl, was die präsentierten Autoren und gelesenen Texte angeht. Es besteht Offenheit, das heißt alle interessierten Dichter können an dieser Lesung teilnehmen. Die Lesezeit ist beschränkt, häufig auf drei bis zehn Minuten. Darüber hinaus handelt es sich um einen Wettbewerb, bei dem das Publikum entscheidet, welchen Text es als Gewinnertext und welche Darbietung es als die beste küren will. In den meisten Fällen melden sich die Autoren, die am Slam teilnehmen wollen, kurz vor der Show bei den Moderatoren. Die Reihenfolge der Lesenden wird entweder nach Reihenfolge der Anmeldung bestimmt oder ausgelost. Bevor es losgeht, werden Teilnehmern und Publikum die Spielregeln erklärt. Bei der Bewertung spielt das Publikum

---

die Hauptrolle: Seine Gunst bestimmt Länge und Stärke des Applauses für jeden einzelnen Beitrag und damit, ob der Dichter in die nächste Runde kommt. Alternativ wird zuvor aus dem Publikum eine Jury bestimmt, die wie bei einem literarischen Eiskunstlaufen die literarische Qualität sowie die Präsentation des Textes mit Noten bewertet: Eine Null für einen Text, der nie hätte geschrieben werden dürfen, eine Zehn, für einen Text der beim Publikum einhellige Begeisterung auslöst, dessen Autor in den Olymp der Literatur aufgenommen werden sollte.

Dabei ist der Wettbewerbs-Gedanke nicht zu ernst und eher spielerisch zu verstehen: Selbstverständlich lässt sich Literatur nicht nach Noten bewerten. Wem stände es überhaupt zu, eine Bewertung von Literatur vorzunehmen, geschweige denn sie in „objektiven" Noten zu beziffern? Dieser spielerische Ansatz wird von Publikum und Teilnehmern stillschweigend vorausgesetzt. Wichtig ist jedoch, dass bei diesen Kampflesungen nicht nur die Show, sondern auch die literarische Qualität des Textes zählt. Allerdings reicht es beim Slam nicht aus, nur gut zu schreiben, denn ein Text will auch gut vorgetragen sein. Die Präsentationsform des Slam ist Mitte der achtziger Jahre in den USA entstanden, wo Marc Smith der konventionellen Lesungen überdrüssig war und als interaktives Element die Publikumsjury einführte. Veranstaltungsort dieser neuen Metropolen-Literatur war eine Bar in Chicago. Seit einigen Jahren gibt es Slams in zahlreichen deutschen Städten, von Berlin bis Bamberg.

„Schlicht gesagt, ist Poetry Slam die Wettkampfkunst auf der Bühne. Sie wurde Mitte der achtziger Jahre entwickelt, um die öffentliche Aufmerksamkeit auf Lesungen zu lenken; mittlerweile hat sich der Slam zu einer internationalen Kunstform entwickelt, die sowohl die Beteiligung des Publikums als auch herausragende literarische Qualität betont. ... da der Slam stärker die Zuhörer anspricht, gewann er ein Publikum, das sehr unterschiedlich und viel heterogener ist, als bei einer typischen Dichterlesung. Indem Literatur mit Wettkampf verbunden wurde, erlaubte es der Slam Leuten, die sonst nicht zu Lesungen gingen, Literatur in einer fassbaren und fesselnden Weise zu erleben, und das zur besten Sendezeit."
Marc Smith auf seiner Homepage
(www.slampapi.com)

Slams ermöglichen vielen Autoren, allererste Erfahrungen auf der Bühne zu sammeln. Diese Plattform bietet einigen einen Ausgangspunkt, ihre literarische Karriere, sei es als Performer oder Autor, auszubauen. Wenn es auch nicht literarische Agenten sind, die nach der Lesung auf sie zukommen, fragen doch häufiger die Veranstalter anderer Lesungen, ob sie nicht auch dort auftreten möchten. Die Texte dieser literarischen Schaukämpfe haben es mittlerweile zu zahlreichen Publikationen gebracht, sei es in Anthologien oder sogar in einer Taschenbuchreihe, die jährlich erscheint. Darüber hinaus wird jährlich der *German International Poetry Slam* ausgetragen, in dem Einzelkämpfer und Teams aus Deutschland, Österreich und der Schweiz gegeneinander antreten. Ausgerichtet wird dieses zwei- bis dreitägige Event von der Slam-Gemeinde aus verschiedenen Städten. Über einhundert Dichterinnen und Dichter ringen jeweils um den Titel des besten deutschsprachigen Bühnenpoeten.

Neue Veranstaltungsformen konnten sich zunächst nur außerhalb der Literaturhäuser entwickeln. Es gab eine Bewegung von unten, eine Form von Clubliteratur, die nah am städtischen Geschehen war. Der scheinbare Widerspruch zwischen iPod und Reclam-Heft konnte aufgelöst werden, Lesen wurde chic. Die Literatur ist da angekommen, wo man sich ohnehin gern aufhielt: in Kneipen, Cafés und Clubs – improvisierte Lesebühnen gab es überall. Wie das Beispiel der *bewegungsfreiheit* in München zeigt, bilden Clubliteratur und Literaturhaus jedoch keinen strikten Gegensatz mehr. Im Folgenden werden Veranstaltungsreihen und Literaturclubs vorgestellt, denen es seit vielen Jahren gelingt, ein junges und kulturell aufgeschlossenes Publikum an regelmäßig stattfindende Lesungen zu binden. Um eines klarzustellen: In keiner der aufgeführten Städte wurde die Literatur neu erfunden, aber ihre veranstalterische Form erfährt neue Ausprägungen.

Berlin

Reformbühne Heim & Welt
Kaffee Burger, Berlin-Mitte, wöchentlich: jeden Sonntag
www.reformbuehne.de

Seit 1995 existiert die *Reformbühne Heim & Welt* und ist damit das Urgestein der Underground-Lesebühnen in Berlin. Sie ist „mit Text und Ton das Ohr am Zahn der Zeit", so das Motto. Wöchentlich präsentiert der harte Kern der Gruppe, darunter Jakob Hein, Wladimir Kaminer, Ahne und Falko Hennig, neue Texte in Berlins Mitte. Autoren aus dem literarischen Umfeld sind häufig zu Gast. Welche Poeten sich hinter den in der Presse-Information angekündigten „Gäste: Überraschungsgast I und II" verbergen, erfährt der Zuhörer erst im Laufe des Abends. In dem schummrigen Kaffee Burger geht es auf Lesungen meist hektisch zu: Manchmal ist die Anzahl der Lesenden zweistellig, dazwischen wird musiziert, und das dargebrachte Ständchen aller Dichter zum Abschluss der Lesung war zumindest früher fester Programmpunkt. Gelesen wird in der letzten Woche neu Geschriebenes, flotte Alltagsgeschichten, die meistens eher zum Lachen als zum Nachdenken animieren. Mit jedem Dichter tritt ein neuer Performer auf die Bühne. Neben fast schon als arriviert zu bezeichnende junge Autoren wie Hein und Kaminer, die ihre Texte bereits als Hardcover-Titel bei renommierten Verlagen untergebracht haben, lesen Neulinge, die ihre Beiträge nicht schüchtern vortragen. Ganz im Gegenteil: just fertiggestellte Nachbarschaftsgeschichten werden dem Publikum so vehement vorgetragen, als seien sie gerade vor der Tür des Burgers passiert. Das Publikum reagiert unmittelbar, das macht den Auftritt der Lesenden hier wie bei jeder anderen Club-Lesung aus: darin liegt das Risiko, aber auch die Chance für jeden Autor. Durch die räumliche Nähe zum Publikum schwappt spontane Begeisterung oder gnadenloses Missfallen sofort zur Bühne, zum Lesenden zurück. Dass sowohl jubelnder Applaus als auch derbe Kritik häufig wenig mit der Qualität der Texte zu tun hat, liegt in der Natur der Sache: Bei der *Reformbühne Heim & Welt* geht es eben auch um die Präsentationsform, nicht ausschließlich um Inhalt und stilistische Form des Textes. Wie auch bei anderen Lesebühnen wirkt sich die Idee des Vortragens zum Teil auch auf den Stil der Texte aus: Es sind kurze, knappe Geschichten oder Fragmente, deren Sprache sich an den Hör-

gewohnheiten des Publikums orientiert. Denn hier geht es eher um das Hören als das Lesen von Literatur. Vorlesebühnen und Vorlesekultur sind die Stichworte, die die Konsumgewohnheiten der Anhängerschaft dieser Veranstaltungen benennen.
Im Anschluss an die Lesung wird Musik aufgelegt, besonderer Höhepunkt nach dem literarischen Teil des Abends ist natürlich, wenn Wladimir Kaminer, Erfinder und Autor der „Russendisko", selbst an den Plattenspielern steht. Gelegentlich kommt es auch vor, dass die Zuhörer nach der Show ein Tanzfest veranstalten. Die Abende sind jedenfalls meist lang, fröhlich und die Bedienung hinter dem Tresen freut sich über die Gäste mit Ausdauer.

Chaussee der Enthusiasten
RAW-Tempel, Berlin-Friedrichshain , wöchentlich: jeden Donnerstag
Außerdem: *Lesebühne* im Comedy Club Kookaburra, Berlin-Mitte
www.enthusiasten.de; www.falko-hennig.de

Auch die Mitglieder von *Chaussee der Enthusiasten* nehmen sich vor, jeden Donnerstag ein neues Programm zu präsentieren. Jochen Schmidt und Dan Richter stellen „Gedichte, die wir nicht verstehen", Frauen- und Pferdezeitschriften vor. Dazu gibt es ein offenes Mikrophon, das nach dem Vorbild des US-amerikanischen open mikes Gäste aus dem Publikum einlädt, spontan eigene Texte vorzutragen. Die Veranstaltung „mit den schönsten Schriftstellern Berlins" findet seit 1999 statt, Veranstaltungsort ist der RAW-Tempel in Berlin-Friedrichshain. Auch hier werden Dichter anderer Lesebühnen eingeladen, ihre neuen Texte vorzustellen. Die Organisatoren rühmen sich, über den engsten Raum und die schlechteste Luft zu verfügen, aber immerhin am pünktlichsten anzufangen. Die Texte dieser Bühne reichen von dem Zitat aus der internationalen Tagespresse oder aus Fachbüchern bis zur selbstgereimten Lyrik. Die *Chausee der Enthusiasten* gibt das Magazin *Die Brillenschlange* heraus, dessen Erscheinen jedes Mal mit einer literarischen Party gefeiert wird. Mehrere Umzüge hat diese Bühne schon hinter sich, zu den großen Veranstaltungen gehört die jährliche Lesershow im Roten Salon der Volksbühne. Auch als Vertretung der Surfpoeten treten die Autoren der *Chausse der Enthusiasten* gelegentlich auf. Inspiriert werden sie durch die *Reformbühne Heim & Welt*, die *Surfpoeten* und *Dr. Seltsams Frühshoppen*, so lautet die Selbstauskunft auf der Homepage von Falko Hennig. Der Berliner Autor unternimmt den Versuch, die Entstehungsgeschichte und die Entwicklungen der verschiedenen Berliner Lesungen aufzuzeichnen. Daraus wird ersichtlich, wie engmaschig das Netz der Veranstalter und wie zahlreich die Verflechtungen unter ihnen sind. Wie auch in Hamburg und in München tauschen sich die „üblichen Verdächtigen" in der Szene über Literatur sowohl auf als auch hinter der Bühne aus. Moderatoren und Gäste werden einander ausgeliehen oder springen ein, wenn Not am Mann ist. Auch wenn die Beziehungen nicht unbedingt immer freundschaftlich sind, kennt man sich eben.

Auch die Enthusiasten tanzen auf mehreren Hochzeiten, sie betreiben nämlich auch die Veranstaltung *Lesebühne* im Comedy Club Kookaburra. Auch in dieser Runde wurde schon publiziert, Jochen Schmidt brachte im C. H. Beck Verlag sein *Triumphgemüse* heraus.

Surfpoeten
Mudd Club, Berlin-Mitte, wöchentlich: jeden Mittwoch
www.surfpoeten.de

Die *Surfpoeten* haben die musikalische Einlage zwischen den Wortbeiträgen zum Konzept erhoben: Literatur und Disko. Jeden Mittwoch lesen und legen die Veranstalter im Mudd Club Musik auf. Für den literarischen Teil sind Robert Weber, Ahne und Michael Stein verantwortlich, für die Musik sorgen DJ Lt. Surf und DJ Tube. Namensgebend ist das Musikgenre, das gespielt wird: Surf, dementsprechend lautet das literarische Genre Surfliteratur: kurze, humorige Alltagsprosa. Außerdem werden regelmäßig Hörspiele dargeboten. „Abend der Liga für Kampf und Freizeit" lautet das Motto, was sich nicht notwendigerweise in den dargebotenen Texten niederschlagen muss. Literarische Aktionen gehören zum Programm bei den *Surfpoeten*, wie ein Fackelumzug oder das offene Mikrophon. Dass getanzt wird, ist fester Tagesordnungspunkt bei den Lesungen. Auch dieses Konzept, Literatur unter den Reflektionen einer Diskokugel zu präsentieren, geht auf: Die Veranstaltung ist gut besucht, auch wenn das Publikum nicht immer zu der schrägen Mischung aus Rock `n' Roll und anderen Oldies tanzt, wie es der Stundenplan – abwechselnd Text und Tanz – vorsieht. Musik und Literatur wurden bereits auf einer CD veröffentlicht. Die Performance der vortragenden Dichter und die Party laufen: getanzt wird nicht trotz der Literatur, sondern wegen ihr. Wohl kaum ein Zuhörer kommt explizit wegen der Musik oder um zu tanzen, doch durch den Medienwechsel entsteht eine Atmosphäre, in der sich Zwischenrufer aus dem Publikum und Akteure auf der improvisierten Bühne einen lockeren Schlagabtausch liefern. Da heißt es von der Bühne herunter, der Gast könne ja am nächsten Mittwoch selbst lesen – sicher, wozu ist sonst ein offenes Mikrophon auch gut? Was bei Poetry Slams den interaktiven Teil ausmacht, weil die Veranstaltung im Wesentlichen auf der Beteiligung des Publikums basiert, ist hier die Chance, selbst zu lesen. Es kann selbst gelesen werden, muss aber nicht. Dieses Angebot basiert auf der Idee des Slam, durch Partizipation der Zuhörer eine abwechslungsreiche Lesung zu gestalten, und darüber hinaus ist damit auch eine demokratische Idee verknüpft. Es liest nicht nur ein einzelner oben auf der Bühne, sondern die Dichter kommen auch von unten, aus dem Zuschauerraum.

Die Macher der *Surfpoeten* waren mit ihrer Literaturshow auch schon auf Tournee von Jena bis München. Als sie 1997 mit ihren Lesungen begannen, so will es die Historie, waren genau so viele Zuhörer im Publikum wie Autoren auf der Bühne. Mittlerweile hat es sich deutlich geändert, und zu Zeiten ist der Mudd Club so gut besucht, dass manch interessierter Besucher abgewiesen werden muss.

Düsseldorf

Maulgetrommel
Tigges; monatlich: jeden ersten Sonntag
www.maulgetrommel.de

Poesieschlachtpunktacht
Zakk; monatlich: jeden dritten Sonntag
www.poesieschlacht.de

Neben München ist der Poetry Slam in Düsseldorf einer der ältesten der Republik. Außerdem wartet Düsseldorf gleich mit zwei Slams auf: dem *Maulgetrommel* und der *Poesieschlacht*.

Im *Maulgetrommel* präsentieren André Michael Bolten und Robby Göllmann lokale Dichter und Dichterinnen. Seit September 1996 existiert dieser Slam, er ist der drittälteste in Deutschland.

Bis Dezember 2003 wurde das Programm in unregelmäßiger Folge im *Maulgetrommel Spezial* durch Künstler und Künstlerinnen anderer Disziplinen gestaltet – von Musik bis zur Fotographie. Dabei handelte es sich entweder um Gastauftritte von festen Ensembles oder um eine kurzfristige Zusammenarbeit von Vertretern unterschiedlicher Stilrichtungen, wobei sich die Moderatoren auch musikalisch betätigten. Internationale Gäste trugen ihre Kurzgeschichten oder Lyrik in allen gängigen Sprachen inklusive Russisch vor.

Die *Poesieschlachtpunktacht* hat eine weniger geschichtsträchtige Vergangenheit, wartet dafür aber mit einem zukunftsweisenden Konzept auf: Für Kinder gibt es eine regelmäßige Sonderveranstaltung, die *PoesieSchlachtAbAcht*. Der Kinder Poetry Slam ist auf den literarischen Nachwuchs zwischen acht und 14 Jahren ausgerichtet. Diese Nachmittagslesung wird von einer Zeitschrift veranstaltet und von Pamela Ganderath moderiert. Gemeinsam mit Markim Pause organisiert und moderiert sie im *Zakk* auch den Slam für die erwachsenen Dichterinnen und Dichter. Auch hier wird der gesprochene Text oft ungefiltert auf das Publikum losgelassen, das demzufolge direkt darauf reagiert: Es werden leisere, besinnliche Stücke, zum Teil sogar in Reimform, mit jubelndem Applaus bedacht, während andere Slammer, die in selbstbewusster Pose ihre Zeilen in die Publikumsreihen dreschen, mit deutlichem Unwillen konfrontiert werden.

Frankfurt am Main

poetry slam Frankfurt
BCN-Café am Nibelungenplatz; monatlich: jeden zweiten Freitag
www.slam.bcn-cafe.de

Der Ort des Geschehens ist ein Café in einem Universitätsgebäude. Mit Linoleum, großen Fenstern, tristen Fluchten und überquellenden Schwarzen Brettern versprüht es den echten Charme akademischer Lebenslust, und viel anders ist die Stimmung auch im *BCN-Café* nicht – so lange es leer ist. Füllt sich die umgebaute Kantine mit hörwilligen Literaturfans, ändert sich das schlagartig.
„Drangvolle Enge, schneidende Luft, ein wild gemischtes Publikum. Und an der Theke steht vielleicht der Verlagsagent ..." verspricht die Homepage. Das trifft auch zu, besonders wenn zu Buchmessezeiten

31

befreundete Slammer aus der ganzen Republik im Publikum sitzen und sich bei diesem informellen Treffen von den Strapazen in den Messehallen erholen. Dann sind alle Sitzplätze schon kurz nach Einlass besetzt. Das Programm des Messe-Slams wird dann zum großen Teil durch die zugereisten Dichter bestritten, da sie ja eh in der Stadt sind. Aber auch außerhalb der Buchmessensaison runden internationale Gäste, beispielsweise Jason Pettus aus Chicago, USA, der Wiege des Slams, das Programm ab. Bei Slammern aus dem (englischsprachigen) Ausland fällt es besonders auf, wie sehr die akustische Dimension eines Gedichtes wirkt. Zwar gibt es kein Medium, das nicht geeignet wäre, ein Gedicht zu transportieren, vom klassischen Papier über Radio und CD hin zu den jüngsten Technologien wie Palm, Mobiltelefon oder das Internet, aber der Vortrag vor einem Publikum hat eine ganz andere Tragweite – er hallt nach. Neben dem Vortragenden bekommt natürlich vor allem das Publikum einen Eindruck von dem literarischen Stück, den es mit nach Hause nimmt. Dieser Effekt lässt sich durch geschriebene Medien auf keinen Fall erreichen. Hinsichtlich ihrer historischen Entwicklung kehrt die Dichtung im Slam an ihre Ursprünge zurück: Frühe Kulturen vermittelten Erlebtes und Erdachtes verbal, die klassische Antike setzte diese orale Tradition fort, als das Schreiben als kulturelle Praxis noch einer literaten Elite vorbehalten war.

Seit 1998 organisieren Dierk Hülstrunk und Jürgen Klumpe den monatlichen Wettbewerb am Main und pflegen diese Sitte. Was damals mit einem Slam zur Buchmesse begann, führen die beiden seitdem erfolgreich weiter.

Hamburg

Machtclub
Deutsches Schauspielhaus, Malersaal; monatlich: jeden zweiten Dienstag
www.macht-ev.de

1999 fanden sich zehn Hamburger Literaturaktivisten zusammen, um ihr Know-how und ihre Kräfte in dem gemeinnützigen Verein Macht e.V. zu bündeln. Zu ihnen gehören Autoren, Veranstalter und die Verleger der *Edition 406* sowie des *Schwamm-* und des *durchschuss Verlages*. Zielsetzung war es, lokale Autoren durch Lesungen und Veröffentlichungen zu fördern. Die Zielgruppe war ein jüngeres Publikum, das mit einem ungewöhnlichen Literaturformat angesprochen werden sollte: mit einer Mischung aus Buch und anderen Medien wie Musik, Theater und Film. Es sollte eine direkte Form der Literatur mit einer direkten Präsentationsform verbunden werden. Sowohl die vortragenden Autoren als auch das Publikum sollten an einer Lesung Spaß haben, ohne dass dadurch die Qualität der Texte geschmälert wird. Seit fünf Jahren inszenieren die Machtmacher einmal monatlich Texte in einer Form, die das Publikum mitreißt. Auch nach dem Umzug von dem Kiezclub *Mojo* auf der Reeperbahn in den Malersaal des Deutschen Schauspielhauses zieht der Machtclub regelmäßig bis zu 250 Gäste an. Das Konzept basiert auf einer Dreier-Konstellation von Autoren beziehungsweise Darbietern: Präsentiert wird neben einem etablierten Dichter ein Autor, der schon veröffentlicht hat, aber vielleicht noch nicht zu großem Ruhm und Ehre gelangt ist. Den dritten Teil des Abends gestaltet ein (noch) unveröffentlichter (lokaler) Autor. Es ist die Mischung aus lokalen Literaturlieblingen und etablierten Stars, die die Veranstaltung ausmacht. Nach nunmehr fast vierzig Machtclubs ist die Liste der literarischen Stars und neu zu entdeckenden Autorinnen und Dichter eindrucksvoll lang. Wenn es das Motto des jeweiligen Abends erlaubt, besteht ein Element aus einer Performance, einer musikalischen Darbietung, einem Ausschnitt aus einem Theaterstück oder einem Film. Der Literaturclub wird von zwei Machtmachern moderiert, die, wie alle anderen Aufgaben bei der Organisation der Veranstaltung, rotieren. Der Veranstaltungsort Theaterbühne bietet natürlich Voraussetzungen, die Lesung besonders zu gestalten, das heißt mit Bühnenbild, -technik sowie gegebenenfalls mit Kostümen zu arbeiten. Dementsprechend variiert die Atmosphäre von Club zu Club. Das Publikum ist extrem heterogen, was sicherlich auch an dem Ort liegt: Regelmäßige Theater-Gänger sind hier ebenso zu finden wie die Stammgäste des Poetry Slams und der literarische Dunstkreis um die präsentierten Autoren. Im Anschluss wird noch am Tresen ein Bier getrunken, die zwei DJs, die jeden *Machtclub* musikalisch unterfüttern, legen dann noch einmal auf, und wenn Autoren und Publikum in Feierlaune sind, wird noch gemeinsam mit den Veranstaltern im Foyer getanzt.

Hamburg ist Slamburg

Molotow, Spielbudenplatz; monatlich: jeden letzten Dienstag
www.slamburg.de

Seit Januar 1997 findet in Hamburg der monatliche *Slamburg* statt. Austragungsort ist das *Molotow*, ein Diskokeller auf der sündigen Meile, der Reeperbahn. Traditionell wird der Slam von einem Moderatoren-Duo, Hartmut Pospiech und Tina Uebel, moderiert, die seit Jahren zu der Truppe der „üblichen Verdächtigen" der Hamburger Literatur-Szene gehören. Sie bändigen das begeisterte Publikum in dem kleinen Raum, der stets bis an die Grenzen seiner Kapazität gefüllt ist: Etwa 150 Leute finden hier Platz. Jeden letzten Dienstag im Monat bildet sich eine Schlange vor dem Eingang des Molotow, wenn um 21 Uhr der Einlass beginnt. An der Kasse steht das Schild: „Dichter! Lies!". Wer sich als auftrittswilliger Poet outet, hat freien Eintritt. Zwischen zehn und sechzehn Dichter treten pro Abend auf, die Jury besteht aus fünf Zuhörern aus dem Publikum, die sich freiwillig melden. Für gewöhnlich fragen die Moderatoren zunächst deren Qualifikation ab – auch das gehört zur Show, die die beiden mit Verve über die Runden bringen. „Ich bin mit meinem Deutschkurs und meiner Lehrerin hier", oder „Ich lese viel" sind die Qualitätsmerkmale, die häufiger zu hören sind. Nach den Präliminarien, also dem Bestimmen der Jury, Erklären der Spielregeln, Verteilen der Stifte und Blöcke an die Jury und der technischen Hilfsmittel wie Kurzzeitwecker zum Bestimmen der Lesezeit sowie Taschenrechner zum Addieren der Wertung an zwei Gäste in der ersten Reihe geht es los: Die Moderatoren bitten um tosenden Applaus für die erste Poetin. Die Lesezeit beträgt fünf Minuten. In dieser Frist muss das Publikum vom eigenen Text und Vortrag überzeugt werden. Gelingt dies, fordern die Zuhörer vielleicht noch eine Zugabe, auch wenn die Eieruhr schon geklingelt hat. Unter Applaus geht sie von der Bühne. Danach wird bewertet, und auf das Kommando der Moderatoren: „Eins, zwei, drei!" halten die Juroren ihre Blöcke mit ihren Noten hoch: Die Dichterin bekommt ein Gesamtergebnis von 43,5 Punkten. Nicht schlecht für den ersten Vortrag des Abends, 50 Punkte sind immerhin möglich. Der nächste Dichter hat nicht ganz so viel Glück, entweder trifft seine Kurzgeschichte nicht den Geschmack des Publikums, oder sein Vortrag ist zu zäh: Er erhält nur 30 Punkte, darunter war eine „2", die von Pfiffen begleitet wurde. „Ist die Wertung zu gut oder zu schlecht?" lautet in solchen Fällen die Standard-

Frage der Moderatoren, die sich aus der Wertung sonst völlig heraushalten. Solch ein Abend ist selten vor zwölf Uhr vorbei. Die drei Sieger sind mit Pferde-Schleifen – auch dies gehört zur Hamburger Tradition – in Gold, Silber und Bronze bedacht worden. Es gibt einen Trostpreis für den Dichter, der es nicht aufs Treppchen geschafft hat, dessen Text es aber nach Meinung der Moderatoren verdient hätte. Wie immer wird zum Abschluss eine Flasche Sekt auf den Sieger des Abends geleert. Kurz danach werden die Bierbänke abgebaut und verstaut für den nächsten Slam – in vier Wochen.

poets on the beach
Elbufer, Strandperle; jeweils letzter Sonntag im Juli und August
www.writersroom.de

Eine weitere Lesung, die in der Hamburger Literaten-Szene ihren Stammplatz hat, ist *poets on the beach*, veranstaltet vom *Writers' Room e.V.* und Friederike Moldenhauer. Seit 1998 findet zweimal jährlich der *literarische Sonntags-Salon* open air am Elbufer direkt neben dem berühmten Strand-Café *Strandperle* statt. Für den jeweils letzten Sonntag im Juli und August versammelt Friederike Moldenhauer junge Poeten aus dem *Writers' Room e.V.*, dem *Macht e.V.* sowie den Kleinverlagen *Edition 406* und *Schwamm-Verlag*, um ein sehr gemischtes Publikum zu unterhalten. Jahr für Jahr hoffen die Veranstalter und Dichter wieder auf gutes Wetter, damit die Literaturfans an Hamburgs Riviera einen schönen Nachmittag mit gesprochenem Wort haben. Mit Blick auf Docks, Schiffe und Kräne, einem Alsterwasser im Glas und den Füßen im Sand lesen Autoren und Autorinnen Kurzprosa, Gedichte und Auszüge aus Romanen. Es treten zwischen sechs und acht Bühnenpoeten auf, vorgetragen wird im Zehn-Minuten-Takt, aber wenn das Publikum nach mehr Literatur verlangt, wird auch eine zweite Runde gelesen. Gelegentlich greift auch einer der Autoren zur Gitarre, da geht es dann nicht mehr schlicht um Literatur, denn es handelt sich bei ihm um ein Multitalent, das sich mit Musik auch ebenso gut seinen Ruhm verdienen könnte. Der Anteil derjenigen Dichter, die bereits ein Buch publiziert haben, beträgt etwa die Hälfte, die meisten anderen sind entweder schon in Anthologien vertreten oder schreiben noch an ihrem Erstlingswerk.
Während das Publikum auf den mitgebrachten Wolldecken und Isomatten Platz nimmt, sitzt der Vortragende vor einem Mikrofon auf einem

Barhocker. Die steigende Besucherzahl und gelegentlich vorbeiziehende Schiffe hatten es vor einigen Jahren nötig gemacht, eine Lautsprecheranlage aufzubauen, damit alle Zuhörer die Texte gut verstehen können. Der Ort lädt die Zuschauer ein, es sich mit einem Eis in der Hand oder einem kühlen Getränk auf ihren Handtüchern zwischen Picknickkörben bequem zu machen und den Dichtern zu lauschen. Natürlich steht hier die Literatur im Vordergrund, aber die Hafen-Atmosphäre leistet einen eigenen Beitrag, die Lesung zu etwas Besonderem zu machen. Wenn dann die Bugwelle eines großen Containerschiffes einige Zuhörer dazu zwingt, aufzustehen und sich einen trockenen Platz zu suchen, wird das wohlwollend von demjenigen kommentiert, der gerade liest, und trägt eher zu dem Gelingen der Veranstaltung bei. Anders als bei anderen Lesungen wird die Umgebung stärker in Vortrag und Moderation einbezogen: Die Dichter und die Moderatorin können es nicht umkommentiert lassen, wenn sich ein riesiges Passagierschiff im Hintergrund durch die Kulisse schiebt oder sich ein spektakulärer Sonnenuntergang ankündigt. Gelesen wird bei jedem Wetter, und es gab schon Veranstaltungen, die unter Malerplane aus dem Baumarkt und Regenschirm bei ordentlichen Regengüssen stattfanden. „Sie sind das härteste Literaturpublikum Hamburgs!" kommentierte die Moderatorin angesichts der Wassermassen. Aber Lesungen unter diesen Ausnahmebedingungen sind eher selten; dann sind es nur etwa vierzig hartgesottene Zuhörer, die sich am Ufer versammeln. Scheint die Sonne, sind es bis zu vierhundert. Nach der Lesung, vorausgesetzt es ist Sommerwetter, verweilen Dichter wie Zuhörer noch länger am Strand, so lange, bis es im Sand einfach zu kalt wird.

Köln / Bonn

Köln:
Dichterkrieg
Sonic Ballroom; monatlich: jeden ersten Montag
www.dichterkrieg.de

Bonn:
Rosenkrieg
Bla am Stadthaus; monatlich: jeden vierten Sonntag
www.rosenkrieg-bonn.de

Nicht nur die räumliche Nähe und der ähnliche Titel, sondern auch personelle Überschneidungen, was die Moderation angeht, legen es nahe, die Poetry Slams in Köln und Bonn gemeinsam vorzustellen.

„Die schönsten Dichter der Welt" rühmt sich der *Dichterkrieg* in Köln zu haben. Unter den monatlich auftretenden Slammern, Kurzprosaisten, Kabarettisten und Humorentwicklern wird auch hier der erfolgreichste gekürt – allerdings regelgemäß nach der Qualität der Texte und des Vortrages, nicht nach dem Aussehen. Das Reglement ist streng und richtet sich klassisch nach dem Vorbild des US-amerikanischen Erfinders des Poetry Slams, Marc Smith: Es sind keine Hilfsmittel erlaubt, also weder Kostüme noch Instrumente oder Bühnendekoration. Dem Dichter oder der Dichterin steht allein ihr Text, ein Mikrophon und ein Notenständer zur Verfügung. Gesungen wird nicht: Lieder vorzutragen ist ebenfalls verboten. Über die Einhaltung der Regeln wachen die Organisatoren und Moderatoren Christian Bartel und Esther von zur Mühlen, die auch für den Slam in der Nachbarstadt verantwortlich ist.

Wer bei dem Dichterkrieg reüssiert, dem winken ein Geldpreis im zweistelligen Bereich sowie ein Ehrenplatz unter der Rubrik Stadtmeisterschaften in der Ruhmeshalle, der sternendekorierten *hall of fame* auf der Website.

Die Gastgeberin des Kölner Slams ist ebenfalls *Master of Ceremony* beim Bonner Rosenkrieg. Gemeinsam mit ihrem Kollegen Sir Stümper wacht Esther von zur Mühlen auch hier darüber, dass keine Hilfsmittel zum Einsatz kommen und die Lesezeit (fünf Minuten) von den Vortragenden eingehalten wird. Auch dem Publikum drohen drakonische Strafen, wenn es sich nicht an die Regeln hält: Wessen Mobiltelefon während des Slams klingelt, wird auf die Bühne gezwungen und dazu gebracht, ein Ständchen vorzusingen. Lesewillige Teilnehmer werden gebeten, sich per E-Mail vorab anzumelden, um die Liste der Vortragenden überschaubar zu halten. Das ist in anderen Städten unkomplizierter: Poeten und Dichterinnen melden sich einfach zu Beginn der Veranstaltung bei den Moderatoren.

Das Publikum stimmt über Gewinner und Verlierer – der Titel sagt es schon – per Rosen ab. Findet ein Vortrag den Gefallen des Publikums, werden Rosen in die Höhe gehoben, fällt eine Einlage durch, bleiben die Blumen auf den Knien der Zuschauer liegen. In der Endrunde werden die Rosen auf die Bühne geworfen und durch Abzählen die Entscheidung bestimmt. In der jährlich stattfindenden Stadtmeisterschaft wird die- oder derjenige Dichter ermittelt, die der deutschsprachigen Meisterschaft im Poetry Slam beziehungsweise *German International Poetry Slam* (GIPS) für Bonn antreten darf. Im Jahr 2004 fand diese dreitägige Veranstaltung in Stuttgart statt, wo über einhundert Dichterinnen und Poeten aus Deutschland, Österreich und der Schweiz um den Titel des besten deutschsprachigen Bühnenpoeten rangen. Dort fand 2004 erstmalig ein Slam für die unter Zwanzigjährigen (U20) statt, ein Zugeständnis an den bestehenden Altersunterschied zwischen den Teilnehmerinnen und Teilnehmern, der naturgemäß immer größer zu werden scheint, je länger es Poetry Slams gibt. Immerhin ist es in Deutschland seit fast zehn Jahren Tradition, aus einer Lesung eine Art Wettkampf zu machen, bei der auf Qualität der Texte ebenso sehr Wert gelegt wird wie auf den Vortrag. Dadurch, dass beim Slam die Ansprache des Publikums sehr betont wird, wird er von einem relativ heterogenen Publikum besucht, das man bei den typischen, „normalen" Lesungen in der Form nicht findet.

Wer es jedenfalls bis zur Stadtmeisterschaft in Bonn gebracht hat, konnte sich seine Rosen sichern. Auch in Bonn bekommt der Gewinner außer Ruhm, Rosen und Ehre einen Bargeldpreis von 50 Euro.

Leipzig

Wuster Wesse Literaturclub
UT Connewitz, jeden zweiten Sonntag im Monat
www.utconnewitz.de; www.ilseserika.de; www.editonline.de

Jürgen Noltensmeier, bekannt aus der *Liv-Ullmann-Show* in Hamburg, organisiert seit Jahren Literaturveranstaltungen in Leipzig. Nach der *Dinkie Donkie Leseschau* und der *Lancaster Let Show*, die im *Ilse's Erika* stattfanden, heißt sein aktuelles Programm *Wuster Wesse Literaturclub*. Noltensmeier wählte als Ort ein altes Kino mit dem Namen *UT Connewitz*, dessen Fassungsvermögen für 350 Gäste ausreicht. Konzept der Veranstaltung ist es, dass ein bis zwei professionelle Schriftsteller lesen, und dazu zwei bis drei Talente, die aber eine geringere Lesezeit haben. Organisator und Moderator Noltensmeier reichert die Lesungen durch Interviews mit den Gästen und Diashows an. Unterstützt wird er dabei von *LiveLyriX*, die in Leipzig auch für Slams zuständig sind, sowie von

DJ Gemafrei. Die Veranstaltung erreicht durchschnittlich etwa 200 Zuschauer. Der Name *Wuster Wesse* leitet sich aus den in Leipzig allgegenwärtigen Messe-Ms ab. Noltensmeier hat sich erlaubt, die Ms einmal umzudrehen, weshalb er von manchen als *Wusterwessie* bezeichnet wird. Weitere Literaturveranstaltungen wie Slams und Turboprop-Literatur finden im *Ilse's Erika* statt, etwas ernsthafter geht es bei den Lesungen der Literaturzeitschrift *Edit* zu.

München

Poetry Slam im Substanz
Substanz, monatlich: jeden zweiten Sonntag
www.slampire.de

Europas größter monatlicher Poetry Slam mit durchschnittlich 350 Zuschauern pro Veranstaltung existiert seit 1996 und versteht sich mehr als Literaturshow denn wirklich als Wettbewerb, der das Slamformat inklusive des knapp bemessenen Zeitlimits einhält. Fünf nationale oder internationale Gäste werden von Ko Bylanzky und Rayl Patzak eingeladen, damit die Qualität des Abends garantiert ist. Weitere fünf Dichter werden aus der offenen Liste ausgelost und haben maximal zehn Minuten Zeit, das Publikum mit ihren Texten zu begeistern. Wichtig ist dabei eine möglichst ausgewogene Mischung aus Storytellern und Spoken-Word- oder Rap-Poeten. Auch prominente Autoren wie Michael Lentz, Albert Ostermaier, Georg Oswald oder Selim Özdogan nehmen an diesem Showcase-Slam teil. Das *Substanz* ist der ideale Veranstaltungsort, da es angesichts seiner Größe einerseits Besucherzahlen von bis zu 450 erlaubt, andererseits aber ein durchaus gemütlicher Live-Club mit überdies legendärem Ruf ist. Die Atmosphäre bei den Slamabenden ist so hitzig, wie es für diese Veranstaltung nötig ist. Die Dichter, die sich ihren Weg durch das Publikum bahnen müssen, und die Applausabstimmung zur Ermittlung des Siegers tun ihr Übriges. Eine Live-Band und DJs komplettieren den Abend.

speak&spin
Café Gap, alle 14 Tage montags
www.speakandspin.de

Auf Einladung von Oliver Brauer, Ko Bylanzky und anderen treffen alle zwei Wochen im Bahnhofsviertel Poeten der unterschiedlichsten Stilrichtungen aufeinander. Jeweils zwei bis drei Autoren bestreiten den Abend mit Auftritten von zwanzig bis dreißig Minuten Dauer. Die Verschiedenheit der Auftretenden und die musikalische Begleitung der Beiträge durch Resident DJ Electric Sheep (nur mit Zustimmung der Autoren) gehören zum Konzept der Veranstaltung. Das *Café Gap* bietet mit seinem spröden Charme das ideale Flair. Im Schnitt kommen circa 80 Besucher, wobei das Café bei voller Auslastung der Tische schon allein gut gefüllt wirkt. Es besteht eine enge Zusammenarbeit mit dem Poetry Slam im *Substanz*, dessen Veranstaltungen häufig auf den Tag vor *speak&spin* fallen. So ist es trotz des relativ geringen Budgets den Veranstaltern möglich, auch auswärtige Gäste einzuladen. Das Kulturreferat und das Jugendkulturwerk unterstützen die Veranstaltung mit regelmäßigen Zuwendungen.

bewegungsfreiheit
Literaturhaus Foyer; monatlich: jeden dritten Donnerstag
www.literaturhaus-muenchen.de

Inspiriert durch die Clublesungen der Münchner Szene veranstaltet das Literaturhaus seit 2002 die Reihe *bewegungsfreiheit*. Dort lesen angesagte Jungautoren, literarische Popgrößen und Nachwuchsschriftsteller. Das Spektrum reicht von Ahne über Thor Kunkel bis hin zu Peter Weber. Konzept und Abfolge der Veranstaltung mit jeweils drei auftretenden Gästen erinnern an den *Machtclub* in Hamburg. Bemerkenswert sind die Raumsituation sowie das Mobiliar: Durch die gläserne Fassade des Literaturhauses im dritten Stock blickt man auf die erleuchtete Theatinerkirche. Die übliche Bestuhlung wird ersetzt durch rote Sitzkissen, die auf dem Boden verteilt werden. Die Autoren stehen auf wechselnden runden Lesebühnen, wodurch sich die Optik der Veranstaltung mehrfach verändert; ein DJ-Pult ist obligatorisch. Moderator und Mitorganisator war zunächst der Münchner Literaturimpressario Ko Bylanzky, der inzwischen an der *Lauschlounge* im Werkraum der Kammerspiele beteiligt ist. Ab 2004 ist das Konzept der *bewegungsfreiheit* erweitert. Vier junge Autoren zwischen München und Berlin basteln mit Katrin Lange vom Literaturhaus an einer Literatur-Compilation.

Schweiz

„Der gesunde Menschenversand – wir liefern – Sie lesen" lautet eines der Motti, die der Berner Verlag zielgruppengerecht interessierten Besuchern der Homepage anbietet. Die beiden Verleger Matthias Burki und Yves Thomi publizieren aber nicht nur Literatur, sie bringen sie auch auf die Bühne, in gleich zwei Städten, Bern und Luzern, „... in Form von Poetry Slam, dieser jungen Art von (an)sprechender Poesie, das Wiederaufleben der Literatur im Ambiente der Nachtkultur." (Verlagsportrait in der Berner Zeitung vom 11.06.1999).

Bern

Captain Slam
Café Kairo, Lorraine; donnerstags in unregelmäßigen Abständen
www.menschenversand.ch

Nach einigen einzelnen Veranstaltungen und erfolgreichen Poetry Slam Touren durch das Land des Geldes und der Schokolade initiierten Burki und Thomi den ersten regelmäßigen Poetry Slam in der Schweiz. Dieser Slam zeichnet sich nicht nur durch Bands aus, die die Abende mit Livemusik begleiten, sondern auch durch Themenschwerpunkte wie Mundart-, Cervelat-, Rap-, Kuschel- oder Frauen-Slam. Im Frühjahr 2004 traten dann sieben Damen im Wettstreit um den Titel der besten Bühnendichterin an. Erwähnenswert ist es insofern, als dass Frauen, die Texte bei Slams präsentieren, immer noch in der Minderheit sind. Was allerdings auch ein Phänomen ist, das auf die gesamte Literatur, eben auch auf die traditionellen Lesungen, zutrifft.
Außerdem gewannen die Veranstalter für den Slam im Herbst desselben Jahres eine professionelle Jury: Eine Vertreterin der Literaturkommission der Stadt Bern, eine Regisseurin und ein Zeitungsredakteur entschieden über den dichtenden Sieger des Abends.

Luzern

Barfood Poetry
Théatre La Fourmi; monatlich, am ersten oder zweiten Donnerstag
www.menschenversand.ch

Barfood Poetry präsentiert verschiedene schweizer, aber auch deutsche
Autorinnen und Autoren. Auch hier sind Slammer zu Gast, allerdings
bilden Slams die Ausnahme bei dieser Literaturreihe, wobei der Titel
„Das Schweigen der Slammer" hoffentlich nicht ernstzunehmend ist.
Dichter „aus dem literarischen Unter- und Zwischengrund" lesen ihre
Werke bei Themenabenden wie „Erotic" oder „Lyrik". Im Anschluss an
die Lesungen spielen Bands und unterhalten DJs die Gäste mit Musik.
Bei bestimmten Veranstaltungen wird der literarische Abend mit
einem Menu eingeläutet. Gäste, die sich schon Zuhause gestärkt haben,
kommen einfach später dazu.

IV. Planung ist alles – Finanzierung

Die wichtigsten Inhalte dieses Kapitels

- Eine vorausschauende Planung ist ein entscheidender Schritt für den finanziellen Erfolg einer Veranstaltung.
- Bei den Einnahmen spielen Fördergelder von Institutionen sowie das Sponsoring eine zunehmend wichtige Rolle.
- Die Gründung eines gemeinnützigen Vereins kann bei der Akquise dieser Gelder hilfreich sein.
- In zweierlei Hinsicht ist Beratung sinnvoll: in Steuer- und in Rechtsfragen.

Ein wesentlicher Teil der Veranstaltungsorganisation ist natürlich die Finanzierung. Welche Möglichkeiten es gibt, eine Lesung zu finanzieren und wie man den Überblick über sein Budget behält, wird im folgenden Abschnitt dargestellt.

1. Budgetierung

Zunächst sind folgende Fragen zu klären:

- Welcher Betrag ist insgesamt erforderlich?
- Wie hoch sind die voraussichtlichen Ausgaben? (Honorare, Fahrtkosten, Hotel, Ausgaben für Werbemaßnahmen)
- Wie hoch sind die voraussichtlichen Einnahmen? (Eintrittsgelder, Förderung durch Institutionen, Sponsoring)
- Ist institutionelle Förderung, zum Beispiel durch Kultusministerien oder Stiftungen, möglich?
- Lassen sich Sponsoren finden, die die Veranstaltung unterstützen?
- Ist eine finanzielle Zusammenarbeit mit einem anderen Veranstalter oder einer zweiten Institution denkbar?
- Welches Budget steht zur Verfügung?

- Wo ist es angesiedelt? Beispielsweise als Werbemaßnahme? Oder gibt es in einem Unternehmen oder einer Institution einen speziellen Topf für Veranstaltungen?

Das ist der grobe Rahmen, der mit der Durchführung der Veranstaltung an sich noch nicht viel zu tun hat, denn bei der Finanzierung der Lesung geht es zunächst darum, mit wie viel zahlenden Gästen gerechnet werden kann und wie hoch die Ausgaben – also Autorenhonorar, Fahrtkosten oder Raummiete – sind.

Steht dem Veranstalter ein festes Budget für Lesungen zur Verfügung, wie es bei der Kooperation mit größeren Verlagen, Literaturhäusern und bekannten Buchhandlungen der Fall ist, ist der Rahmen schon gesteckt, und es gilt „nur", diesen einzuhalten. Gibt es solche festen Vorgaben nicht, zum Beispiel bei der Organisation einzelner Präsentationen, ist die Aufstellung des Budgets umso sorgfältiger zu planen. Zunächst zu den Ausgaben:

Honorar

Vorab eine Bemerkung zu den Autorenhonoraren: Als Veranstalter muss man sich klarmachen, dass Honorare für Lesungen einen wesentlichen Teil des Einkommens von Autoren ausmachen, da ein Schriftsteller allein vom Verkauf seiner Bücher in den seltensten Fällen leben kann. Häufig sind Schreibende auf weitere Erlöse, eben Lesungen oder Teilnahme an Podiumsdiskussionen, angewiesen. Oft gehen sie zudem einem Brotberuf nach. Dieser Tatsache sollte Respekt gezollt werden, wenn man das Honorar verhandelt.
Das geschieht direkt, mit zwei Ausnahmen: Ist der Autor einigermaßen bekannt und liest regelmäßig, hat sich häufig eine bestimmte Honorarhöhe etabliert, die vom Lektor oder der Presseabteilung des Verlages mitgeteilt wird. Die zweite Ausnahme trifft zu, wenn er von einer Literaturagentur vertreten wird, die nicht nur seine Manuskripte bei Verlagen unterbringt, sondern sich auch um Auftritte und Buchpräsentationen kümmert.
Die Höhe des Honorars richtet sich natürlich nach Bekanntheitsgrad, Renommee, den erhaltenen Preisen und Auszeichnungen, vielleicht der

Anzahl der bisher erschienenen Titel. Sicherlich ist auch die Präsenz im Rundfunk und Printmedien zu berücksichtigen. Einem Nachwuchsschriftsteller, dessen erstes Buch in einem kleinen Verlag erschienen ist und der wenig Leseerfahrung hat – was nichts über die Qualität seiner Darbietung auf der Bühne aussagen soll –, tut man mit einem Honorar von ca. 100 Euro nicht unrecht. Bei einem „großen" Namen, dessen Werke in verschiedene Sprachen übersetzt worden sind, kann man durchaus mit dem Zehnfachen rechnen.

Darüber hinaus gibt es eine Honorarempfehlung des Verbandes Deutscher Schriftsteller (VS), der seinen Mitgliedern rät, für eine Lesung ein Minimum von 250 Euro zu verlangen. Autoren, die mehrere Bücher publiziert haben, werden für einen Abend, den sie allein bestreiten, ein Honorar in dieser Höhe erwarten. Ein Nachwuchsliterat wird sich über eine solche Summe freuen, aber nicht damit rechnen. Die Untergrenze für kurze Auftritte, etwa im Rahmen eines Clubabends, bei dem vier oder fünf junge Autoren lesen, liegt bei etwa 50 Euro. Für den Fall, dass die Veranstaltung nicht zustande kommt ist, sofern der Autor keine Schuld daran trägt, ein Ausfallhonorar von 25 bis 50 Prozent der vereinbarten Summe üblich.

Klären Sie vorab, ob der Autor sein Honorar versteuern muss. Ist das der Fall, erhöht sich die Summe um 16 % Mehrwertsteuer (in seltenen Fällen um 7 %).

Wird nichts anderes vereinbart, wird das Honorar häufig am Abend nach der Lesung in bar ausgezahlt.

Bereiten Sie eine Quittung vor mit Angabe von Name und Adresse des Lesenden, Titel, Ort und Datum der Veranstaltung sowie Höhe des Honorars mit Auszeichnung der Mehrwertsteuer. Zudem müssen auf Quittungen und Rechnungen die Steuernummer und das Finanzamt des Zahlungsempfängers verzeichnet sein. Da die meisten Menschen ihre Steuernummer nicht im Kopf haben, muss diese Information gegebenenfalls später unbedingt nachgereicht werden. Lassen Sie sich den Erhalt quittieren, eine Kopie behält der Autor, die zweite ist für Ihre Unterlagen.

Auf alle Fälle sollte das Honorar im Voraus schriftlich vereinbart werden. Dies kann durch einen Vertrag geschehen, häufig reicht aber ein formloser Brief oder eine kurze E-Mail, die die Vereinbarung bestätigt, Datum, Zeit, Ort, Dauer der Veranstaltung beziehungsweise Lesezeit, Honorar und den Abrechnungsmodus der Reisekosten festhält. Das gilt natürlich auch für Moderatoren oder möglicherweise einen Übersetzer/Schauspieler, der etwa eine deutsche Fassung vorträgt.

Dienstleister, die für die Lesung engagiert werden, etwa eine Firma, die sich um das Licht und die Beschallung kümmert, werden vorab einen Kostenvoranschlag senden, der – möglicherweise nach Preisverhandlungen – durch den Veranstalter bestätigt wird. Nach der Lesung wird eine Rechnung gestellt.

Fahrtkosten – Hotel – Bewirtung
Neben dem Honorar übernimmt der Veranstalter in der Regel die Kosten für Hotel und Bewirtung des Autors. (Dokumentationen, wie Herberge und Bewirtung auf Lesereisen sein können, haben sich mittlerweile geradezu zu einem literarischen Genre entwickelt.) Die Fahrtkosten liegen ebenfalls in der Hand der Veranstalter. Finanzielle Unterstützung vom Verlag ist eine absolute Ausnahme, auf die nicht gezählt werden kann. Wenn es sich zum Beispiel um eine Lesereise handelt, oder man zwei Lesungen an verschiedenen Orten miteinander verbinden kann, bietet sich die Kooperation mit anderen Veranstaltern an, was die Finanzen, was aber auch zum Beispiel die Pressearbeit angeht.

Weitere Kosten
Trifft man die Entscheidung, für die Veranstaltung Werbung über eigens hergestellte Plakate, Flyer oder Handzettel zu machen, kommen einige Kosten zu den bereits genannten hinzu: Plakate und Flyer müssen entworfen (Honorar für den Grafiker), gedruckt (Druckkosten) und Plakate gehängt werden (Kosten für Hängung, die man am besten einem Dienstleister überlässt, um zu vermeiden, durch Schwarzhängung von Plakaten mit dem Gesetz in Konflikt zu geraten). Diese Dienstleister übernehmen auch die Verteilung von Flyern beziehungsweise Handzetteln. (Weiteres zu Werbemitteln siehe Kapitel VI.2.)
Handelt es sich nicht um eine einmalige Veranstaltung, sondern um eine Lesereihe, ist es sinnvoll, das Publikum durch eine eigene Home-

page zu informieren. Deren Entwurf, Erstellung und Pflege sind natürlich auch nicht kostenfrei zu haben (Honorar für den Online-Grafiker beziehungsweise Webdesigner), darüber hinaus entsteht ein Aufwand für die Bereitstellung einer Homepage (Kosten durch den Provider). Ein kleiner Posten, jedoch auch zu bedenken, sind die Bürokosten: Ausgaben für Telekommunikation, Porto, Kopien, darüber hinaus möglicherweise Gebühren für Kontoführung und Material, das für die Lesung anzuschaffen ist, beispielsweise Dekorationsmittel. Für den Fall, dass der Abend auch eine musikalische Darbietung, sei es live oder aus der Konserve, einschließt, entstehen GEMA-Gebühren, die der Betreiber des Veranstaltungsortes den Veranstaltern manchmal in Rechnung stellt.

So früh wie möglich sollte man sich eine Übersicht über die Kosten und mögliche Erlöse verschaffen. Das ist im simpelsten Falle mit einer Einnahmen/Ausgabenkalkulation getan, Fortgeschrittene mögen einen Businessplan, etwa mittels einer Excel-Tabelle, erstellen. Eine detaillierte (und korrekte) Aufstellung ist für die eigene Kalkulation der Kosten nötig, besonders aber dann, wenn Gelder eingeworben werden sollen.

Beispiel für eine Kostenkalkulation

	Ansatz (geplante Finanzierung)	Ergebnis (tatsächliche Mittelverwendung)
Einnahmen Eigenmittel Einnahmen ggf. Sponsoring ggf. Fördermittel		
Summe Einnahmen		
Ausgaben Honorare Autoren Reisekosten/Bewirtung Honorare Organisation Honorar Moderation Miete Raum Miete Mikrofonanlage Honorare Plakate/Flyer Druck Plakate/Flyer Hängung Plakate/Flyer Porto, Büro, sonstiges		
Summe Ausgaben		
Summe Einnahmen		
Ergebnis		

2. Institutionelle Förderung

Vorbereitung

Eine intensive Vorbereitung entscheidet über Gelingen oder Scheitern des Versuchs, institutionelle Förderer mit ins Boot zu holen. Zunächst muss der Veranstalter einen adäquaten Förderer identifizieren: Welche Institution hat nicht nur Interesse, sondern auch Mittel, die Lesung zu unterstützen? Das können lokale wie regionale staatliche Kulturbehörden oder -ämter sowie öffentliche Kulturstiftungen und -vereine sein. Daneben gibt es zahlreiche Stiftungen von Unternehmen, die Kultur fördern. Kriterien zur Ansprache einer Institution sind die kulturelle Sparte und der regionale Bezug der geplanten Veranstaltung.

Förderer identifizieren

Es gilt vorab herauszufinden: Wer fördert was? So ist es sinnlos, eine Stiftung anzuschreiben und um Unterstützung zu bitten, wenn diese zwar für ihre Kulturförderung bekannt ist, aber nur Bildende Kunst unterstützt. Auch die Ansprache der zuständigen Behörde ist unabdingbar, wenn es um staatliche Förderung geht, weil die Zuständigkeit in den einzelnen Bundesländern und Städten unterschiedlich geregelt ist. In einigen Fällen handelt es sich um Kulturbehörden oder um städtische Kulturämter beziehungsweise -referate. Zum Teil verfügen auch Stadtteilbüros über Fonds für kulturelle Veranstaltungen im Viertel.

Auf jeden Fall sollte der Kontakt zur fördernden Institution so früh wie möglich hergestellt werden. Eine Möglichkeit, sich zu informieren, bietet das Internet zum Beispiel durch eine Homepage, die eine Übersicht über Stiftungen gibt. Sie ist jedoch so umfangreich, dass dem ungeübten Antragsteller schnell die Lust vergeht, diesen Weg weiter zu verfolgen. Ein weitaus einfacherer und ökonomischerer Weg kann es sein, auf Plakate von örtlichen Veranstaltern zu schauen: Wer fördert was? Durch einen Blick in die Gelben Seiten und einen Anruf lässt sich schnell ermitteln, ob eine Institution für finanzielle Hilfe in Frage kommt oder ob sie einen Tipp geben kann, welche andere Behörde oder Stiftung für Literaturförderung ansprechbar ist. Es gibt darüber hinaus Institutionen, die ausschließlich der Literaturförderung dienen, dazu gehören beispielsweise die Gesellschaften für Literatur, die an die Landesverbände des Verbandes Deutscher Schriftsteller angegliedert sind.

Kontakt aufnehmen

Nachdem man die potentiellen Förderer identifiziert hat, sollte man unverzüglich Kontakt aufnehmen, da die Mittelzuteilung immer an bestimmte Fristen gebunden ist und ein Antragsverfahren zwischen drei Monaten und einem Jahr dauern kann. Am wichtigsten ist natürlich die Frage, ob die Institution das Vorhaben, was den Inhalt angeht, generell fördert, und zum fraglichen Zeitpunkt fördern kann, ob ihr also überhaupt Mittel zur Verfügung stehen.

Möglichst früh sollte man sich über Zeitrahmen und formale Bedingungen informieren: Wie lange vor der Veranstaltung ist ein Antrag zu stellen, welche formalen Erfordernisse gibt es? Sind spezielle Unterlagen anzufordern? Ein formloser Antrag besteht zumeist aus einem Anschreiben, einer Projektbeschreibung (siehe Kasten) und einer Kalkulation (siehe Kasten), aus welcher Ausgaben und Erlöse ersichtlich werden.

Wie lange dauert das Antragsverfahren und wann kann mit einem Bescheid gerechnet werden? Zu klären ist auch, wann das Geld tatsächlich bereitsteht, wie die Summe abgefordert wird, ob der Veranstalter in Vorleistung treten muss. Vorab ist auch zu klären, ob die finanzielle Hilfe sich auf das Projekt insgesamt bezieht oder auf einen bestimmten Posten, beispielsweise die Druckkosten für Flyer und Plakate.

Eine Projektbeschreibung sollte folgende Aspekte abdecken:

Projektbeschreibung für einen Förderantrag

- Name der Veranstaltung
- Name des Veranstalters
- ggf. Kooperationspartner
- geplantes Datum oder Zeitraum für die Veranstaltung
- Welcher Autor/welche Autoren werden eingeladen?
- Ort der Veranstaltung
- ggf. Zielgruppe
- Besonderheiten (andere künstlerischen Formen: Theater, Film, Musik)
- geplante Werbemaßnahmen (Presse, Plakate, Flyer)
- Kosten (siehe Kalkulation)

Ein Fall, für den sich die Mühe rentieren kann, wäre etwa der Förder-
verein eines Literatur-Cafés. Aufgrund der Gemeinnützigkeit des Zieles,
literarisches Leben und kulturelles Angebot im Stadtteil zu fördern,
könnte dieser finanzielle Unterstützung, etwa vom Bezirksamt , erhalten. Damit wären zum Beispiel Autorenhonorare sowie ein Teil der
Ausgaben für Handzettel gedeckt.

Die Gegenleistung

Für ihre finanzielle Unterstützung erwartet die Institution eine Gegenleistung vom Veranstalter: In der Regel ist das die Nennung, also das
Logo der Institution, auf Werbemitteln wie Plakaten und Flyern, in
Pressemitteilungen und während der Veranstaltung selbst, was der Moderator berücksichtigen sollte. Darüber hinaus gehende Wünsche der
Förderer sind zuvor zu klären. Ihnen Einladungen zukommen zu lassen
gehört selbstverständlich dazu, wie – wenn es informeller zugeht –
einige ihrer Vertreter auf die Gästeliste zu setzen und für sie Plätze in
der ersten Reihe zu reservieren.

Nachbereitung

Nach der Veranstaltung kommt man um einen Verwendungsnachweis
für den Förderer nicht herum. Dazu gehört ein Resümee oder Sachbericht (siehe Kasten), der über den Verlauf und Erfolg der Veranstaltung
prägnant Auskunft gibt, sowie eine genaue Abrechnung über die tatsächlich entstandenen Kosten des Gesamtprojektes. Daneben gehört zur
guten Nachbereitung einer Veranstaltung, den Förderern Belege von
Flyern und Plakaten, einen Pressespiegel – also Kopien von relevanten
Pressemeldungen und -artikeln – sowie gegebenenfalls Belege über die
entstandenen Kosten zukommen zu lassen. Auch dies sollte vorher geklärt sein, ob und in welcher Form Quittungen oder Rechnungen gewünscht sind (Original oder Kopie), denn manchmal reicht auch die
Kalkulation aus. Die fördernde Institution erwartet den Verwendungsnachweis drei bis sechs Monate nach der Veranstaltung. Auch dies ist
vorab zu klären. Kommt man dieser Verpflichtung nicht termingerecht
nach, droht im schlimmsten Falle, dass man die Mittel zurücküberwei-
sen muss. Das ist natürlich für die betreffende Veranstaltung negativ, hat
aber auch Auswirkungen für zukünftige Unternehmungen: Nach diesem
Versäumnis wird eine Stiftung kaum eine zweite Förderung in Betracht
ziehen. Kann der Veranstalter die Frist nicht halten, sollte er die Institu-

tion umgehend informieren und um eine Verlängerung bitten. Häufig kennen die Unternehmen das Problem aus eigener Erfahrung und räumen einige Wochen Aufschub ein.

Folgende Leitfragen geben eine Orientierung, um nach Abschluss der Veranstaltung einen formlosen Sachbericht zu erstellen, sollte die fördernde Institution keine eigenen Richtlinien vorgeben:

Tipps für einen Sachbericht

Überschrift:
- Name des Projekts, Name des Ansprechpartners, Höhe der Zuwendung, ggf. Geschäftszeichen

Projektverlauf:
- Wer war an der Veranstaltung beteiligt (Autor, Organisation, Durchführung, Moderation)?
- Wann und wo wurde die Lesung präsentiert (ggf. Anzahl der Lesungen angeben)?
- Wie verlief die Kooperation mit der Einrichtung/dem Veranstaltungsort, an dem die Lesung stattfand?
- Wie wurde für die Veranstaltung geworben (Plakate, Handzettel, Presseartikel – ggf. beifügen)?
- Wurde die Lesung ggf. dokumentiert (Radiomitschnitt, Video) und ist die Dokumentation einsehbar?

Resonanz:
- Wie viele Gäste waren anwesend (zahlende Gäste, Gäste des Autoren, Presse, Verlag)?
- Wie reagierte das Publikum auf die Veranstaltung?
- Wie berichteten Presse, Rundfunk oder Fernsehen über die Veranstaltung (Sendetermin, Erscheinungsdaten etc.)?

Resümee:
- War das Ergebnis insgesamt zufriedenstellend?
- Wie war die Rückmeldung der Autoren und anderen Beteiligten?
- Wie reagierte die Presse?
- Was sollte bei der Durchführung einer ähnlichen Lesung beachtet werden?
- Haben sich aus der Veranstaltung Perspektiven für eine weitere Arbeit ergeben?

---

3. Sponsoring

Eine Möglichkeit, eine Lesung finanziell unterstützen zu lassen, ist das Sponsoring: Unternehmen aus der Wirtschaft geben einen Zuschuss zur Veranstaltung. Sie setzen auf den Werbeeffekt, den ihr kulturelles Engagement hat. Hier geht es vor allem um Imagegewinn, und nicht um unmittelbaren finanziellen Erfolg für das Unternehmen. Um diesen Imagegewinn zu gewährleisten, ist es unabdingbar, sich im Vorlauf genau zu überlegen, welchen Sponsor man gewinnen möchte. Kriterien dafür sind die Art der Veranstaltung, die präsentierte Literatur, vor allem aber die Zielgruppe, die mit der Veranstaltung angesprochen werden soll. Zum Beispiel kann die Clublesung einer jungen Autorin der Hersteller von (alkoholhaltigen) Getränken fördern, was bei der Präsentation eines Kinderbuches natürlich nicht geht. Hier ist möglicherweise eher der Spielwarenhandel denkbar. Es ist ratsam, aufgrund des Veranstaltungsthemas potentielle Sponsoren in einem sinnvollen Zusammenhang anzusprechen: Für die Verleihung eines gut dotierten Literaturpreises mag ein renommierter Schreibwarenhersteller Pate stehen, für die Lesung in einem Schwimmbad eine Mineralwasserquelle oder der örtliche Wasserversorger.

Bei der Aufnahme des Kontaktes gilt hier dasselbe wie bei der institutionellen Förderung: Je früher man den richtigen Ansprechpartner ermittelt und mit ihm Kontakt aufnimmt, desto besser stehen die Chancen, miteinander ins Gespräch und damit auch ins Geschäft zu kommen.

Wie bei der institutionellen Förderung ist es zur Aufnahme von Gesprächen ratsam, eine Kalkulation und ein Konzept oder eine Projektbeschreibung vorbereitet zu haben. Das weitere Vorgehen ähnelt dem der institutionellen Förderung: Absprachen sollten schriftlich fixiert werden, dazu gehört die Laufzeit der Förderung, wenn es sich um eine Veranstaltungsreihe handelt, beziehungsweise die Anzahl einzelner Summen. Zu klären ist vor allem auch, wann der Veranstalter eine Rechnung
stellen kann und ob er in Vorleistung treten muss. Die Fördersumme wird mit 16 % Umsatzsteuer versteuert, während Zuwendungen von Institutionen oder Stiftungen steuerfrei sind. (Siehe dazu Kapitel IV.4 und Kapitel V)

Die Gegenleistung

Es handelt sich um ein Geschäft zwischen Literatur und Wirtschaft auf der Basis eines Sponsorenvertrages (siehe Kasten). Für seine Unterstützung hat der Sponsoringpartner das Recht, zumindest genannt zu werden. Die Form ist im Vertrag festzulegen: Erscheint der Sponsor mit Logo auf Eintrittskarten, Flyern und Plakaten, wird er in der Pressemeldung genannt oder reicht es aus, ihm im Rahmen der Veranstaltung zu danken? Dies sollte ebenso frühzeitig geklärt werden, wie die Höhe der finanziellen Unterstützung beziehungsweise die Form des Sponsorings, denn es sind auch andere Formen als die Überweisung einer Geldsumme denkbar.

Beispiel Sponsoringvertrag

- Überschrift: Sponsoringvertrag zwischen Veranstalter und förderndes Unternehmen
- Laufzeit des Sponsorings (eine einzelne Veranstaltung oder über einen längeren Zeitraum, ggf. Kündigungsfristen)
- Leistungen des Sponsoringempfängers wie:
  → aktive Präsentation des Sponsoren bei der Veranstaltung
  → visuelle Präsenz
  → Nennung in Pressevorankündigungen und in der Berichterstattung
  → Abdrucken des Sponsorenlogos auf Flyern und Plakaten (Auflage und Ausstattung nennen)
  → ggf. Nennung auf der Website der Veranstaltung
  → Verlinkung zur Sponsorenwebsite
- Leistungen des Sponsors:
  → Höhe der finanziellen Förderung
  → Zeitpunkt der Überweisung
  → ggf. Besonderheiten wie Merchandising-Artikel o.ä.
- Verwendung der Förderung
- Handelt es sich um eine allgemeine Förderung oder wird das Geld nur für einen bestimmten Kostenfaktor verwendet?
- Unterschriften beider Partner

Sachspenden

Einige Sponsoren sind zwar an der Förderung einer kulturellen Veranstaltung interessiert, können oder wollen jedoch keine finanziellen Zuwendungen gestatten und bieten daher an, eine Sachspende zu geben. Das geht von der Bühnendekoration, zum Beispiel dem mobilen Swimmingpool für die indoor-Strandlesung bis zu Getränken für die Lesung (dies muss allerdings mit den Vermietern abgesprochen sein, sofern es dort Gastronomie gibt, die gegebenenfalls in Konkurrenz treten könnte). Auch hier muss vorab geklärt werden, was der Sponsor als Gegenleistung erwartet.

Spenden von Dienstleistungen

Neben Geld- und Sachspenden können gespendete Dienstleistungen das Budget einer Veranstaltung entlasten. Bei großen Veranstaltungen oder umfangreichen Lesereihen spendet vielleicht eine Werbeagentur die Erstellung einer Broschüre? Möglicherweise berechnet das Hotel das Zimmer des Autors nicht? Stellt ein Autohaus einen Wagen für den Transport der Autoren am Abend der Veranstaltung gratis zur Verfügung oder gewährt der Verleih der Lautsprecheranlage einen Rabatt? Auch bei kleineren Dienstleistern ist es immer sinnvoll, nach Möglichkeiten des Sponsorings oder danach zu fragen, ob ein Preisnachlass zur Förderung der Kultur verhandelbar ist.

Sonderformen

Wird mit dem Sponsor ein bestimmtes Format des Sponsorings vereinbart – etwa ein Element, das Teil der Lesung ist –, ist auf genaue Absprachen im Vorfeld der Veranstaltung zu achten. Manchmal kann man als Veranstalter gemeinsam mit dem Sponsoren eine solche Idee entwickeln: Wie lässt sich das Unternehmen über die Nennung am Abend hinaus präsentieren? Hat es vielleicht selbst inhaltlichen Input zu geben oder geht es nur um die Form der Präsentation? Schon bewegt man sich auf einem schmalen Grat zwischen Literatur fördern lassen und der Gefahr, dass sich der Sponsor in die inhaltliche Gestaltung der Veranstaltung einkauft. Letzteres darf natürlich nicht passieren, und deshalb ist sorgfältig darauf zu achten, die Balance zwischen den Interessen des Autors, der Veranstalter und des Sponsors zu halten.

Gemeinsam mit dem fördernden Likörhersteller hat beispielsweise der Verleger- und Veranstalterzusammenschluss *Macht e.V.* aus Hamburg ein eigenständiges Element seiner Clublesungen entwickelt: Im Sinne des Poetry Slams treten zwei Nachwuchsautoren in der „Jägermeisterschaft" an, um das Publikum mit fünfminütigen Geschichten über Hirsche und Themenverwandtes zu überzeugen. Dies ist natürlich eine Präsentationsform, die eingehende Vorbereitung braucht und intensive Abstimmung mit dem Sponsor voraussetzt. Dabei geht es aber nicht nur um den Verkauf von Literatur an einen Partner aus der Wirtschaft, sondern es ist durchaus möglich, dass auch die Veranstalter von den Ideen der Ansprechpartner des Unternehmens profitieren. Kurz gesagt ist hier also Zusammenarbeit gefragt, die den Interessen beider Seiten entgegenkommt.

Wie die Telekom Radrennfahrer sponsort, so gibt es große Firmen, die eigens mit ihnen entwickelte Lesereihen und Großveranstaltungen fördern. Dies ist eine weitere Sonderform des Sponsorings, das hier kurz vorgestellt werden soll. Der größte Hamburger Stromversorger veranstaltet beispielsweise seit etlichen Jahren in jedem Frühjahr die Hamburger Lesetage. Mittlerweile lesen dort rund 150 Autorinnen und Autoren zu verschiedenen Themenschwerpunkten, wobei das Augenmerk besonders auf Kinder- und Jugendliteratur liegt. Eine weitere Besonderheit sind die zum Teil ausgefallenen Leseorte wie Planetarium, Polizeipräsidium, Krankenhäuser oder Museen.

Einen Sponsor zu finden, der seine Unterstützung auf ein derartig aufwendiges Projekt konzentriert, ist natürlich die Ausnahme. Dieses Beispiel zeigt allerdings, dass große Firmen Interesse und das Potential haben, Literatur in beträchtlichem Maßstab zu fördern.

Nachbereitung
Wie bei der institutionellen Förderung gehört zur Abwicklung eines Sponsorings eine Nachbereitung. Ein formaler Sachbericht wird nicht häufig gefordert, aber ein schriftliches Dankeschön mit einem kurzen Feed-back zu der Veranstaltung ist minimaler Standard. Auch Sponsoren erhalten nach der Veranstaltung Belege von Flyern und Plakaten und die Kopien von Pressemeldungen und Zeitungsartikeln.

Auch abgesehen von der Nachbereitung für Förderer und Sponsoren ist eine Auswertung der Veranstaltungen essentiell, um die Zusammenarbeit mit Beteiligten wie Autoren, Verlag, Presse, Veranstaltungsort, Förderern und Sponsoren sowie gegebenenfalls Dienstleistern zu bewerten und daraus für folgende Veranstaltungen Konsequenzen zu ziehen. Wichtig ist auch die kritische Auseinandersetzung mit der eigenen Arbeit, im einfachsten Falle besteht sie aus einer Manöverkritik mit den direkt Beteiligten im Anschluss an die Veranstaltung. Die Evaluation, also die Auswertung und Bewertung der Veranstaltung basiert auf folgenden, grundsätzlichen Fragen: Was ist gut gelaufen? Was ist schlecht gelaufen? Was kann beim nächsten Mal besser gemacht werden? Was hat sich bewährt? Und schließlich muss auch die Endabrechnung gemacht werden, um zu prüfen, ob die tatsächlichen Einnahmen und Ausgaben mit den kalkulierten übereinstimmen, ob ein Plus erwirtschaftet wurde oder die Veranstaltung mit roten Zahlen abgeschlossen wird. Zur Auswertung gehört auch die Dokumentation der Presse- und Medienberichte (siehe dazu Kapitel VI.5). Eine eingehende Auswertung dient der Erfolgskontrolle und ist das Fundament der nächsten – verbesserten – Veranstaltung. Kritikpunkte der letzten Lesung sollten verändert werden und durch regelmäßige Kontrolle in einem zirkulären Prozess bei jeder Veranstaltung optimiert werden.

Folgende Leitfragen erleichtern die abschließende Reflexion der Veranstaltung:

Auswertung der Veranstaltung und Erfolgskontrolle

- Wie verlief die Kooperation mit der Einrichtung/dem Veranstaltungsort, an dem die Lesung stattfand?
- Wie war die Kooperation mit Dienstleistern (Gastronomie, Druckerei etc.)?
- Ist das Ergebnis insgesamt zufriedenstellend?
- Ging das Konzept auf?
- Wie war die Rückmeldung des Autors und der anderen Beteiligten?
- Was lief gut, was lief schlecht und was soll beim nächsten Mal anders – also besser – laufen?
- Auswertung des Pressespiegels: Wie war die Rückmeldung der Presse (Quantität der Berichterstattung und Beurteilung der Veranstaltung)?
- Gab es Unterschiede zwischen der ursprünglichen Planung und dem tatsächlichen Ablauf? Warum?
- Haben sich aus der Veranstaltung Perspektiven für eine weitere Arbeit ergeben?
- Wie ist das finanzielle Endergebnis: Gewinn oder Defizit?

---

4. Einen gemeinnützigen Verein gründen

Planen Sie eine Veranstaltungsreihe, die sich über einen längeren Zeitraum erstreckt, somit höheren organisatorischen und finanziellen Aufwand bedeutet, und ist Ihr erstes Ziel nicht die Erwirtschaftung von Gewinn, kann die Gründung eines gemeinnützigen Vereins sinnvoll sein. Diese Organisationsform hat zwei Vorteile: Erstens sind die Einnahmen, die unmittelbar aus der Veranstaltung hervorgehen, von der Umsatzsteuer befreit. Zweitens haben Sie als Vertreter eines gemeinnützigen Vereins eine gute Gesprächs- und Verhandlungsposition bei institutionellen Förderern und Sponsoren. Besonders Letzteren ist das Argument der Gemeinnützigkeit wichtig, wenn bei internen Debatten um die Verteilung des Werbeetats der Aspekt „Kultur" allein nicht stichhaltig ist. Die Nachteile einer Vereinsgründung sollten aber ebenfalls bedacht werden: Der bürokratische Aufwand ist nicht zu vernachlässigen: Die Gründungssitzung von mindestens sieben Mitgliedern muss formgerecht protokolliert, Termine für die Eintragung ins Vereinsregister mit einem Notar vereinbart, ein Antrag an das zuständige Finanzamt zur Befreiung von der Umsatzsteuer gestellt werden. Zudem ist plausibel zu begründen, warum es sich um eine gemeinnützige Gruppe handelt. Auch um das Prädikat gemeinnützig zu behalten, ist einige Arbeit zu leisten: Jährliche Mitgliederversammlungen zur Vorstandswahl oder -bestätigung gehören ebenso dazu wie die Anfertigung von Protokollen, die über einen Notar bei dem Vereinsregister eingereicht werden. Vor- und Nachteile müssen also abgewägt werden, um zu entscheiden, ob sich der Aufwand lohnt.

V. Beratung muss sein – Recht und Steuern

Es kann hilfreich sein, sich beraten zu lassen, insbesondere dann, wenn man zum ersten Mal eine Veranstaltung durchführt. In zweierlei Hinsicht ist dies sinnvoll: in Steuer- und in Rechtsfragen. Konsultiert der Veranstalter oder Betrieb, sei es Buchhandlung, Literaturhaus oder Agentur, bereits einen Steuerberater, bietet sich ein Anruf dort an, um spezifische Fragen zu beantworten: Handelt es sich bei dem Organisator zum Beispiel um einen eingetragenen Verein, muss dieser für Erlöse, die dem satzungsgemäßen Zweck dienen, keine Umsatzsteuer zahlen. Jedoch müssen Gewinne, die aus anderen wirtschaftlichen Aktivitäten stammen, beispielsweise aus dem Verkauf von Merchandising-Artikeln wie T-Shirts, versteuert werden. Auf der Suche nach einer geeigneten Beratung sollte man in diesem Fall darauf achten, dass die Gesprächspartner sich mit dem Thema Gemeinnützigkeit auskennen. Sie können bereits bei der Entscheidung behilflich sein, ob es sich lohnt, einen Verein zu gründen.

Eine Rechtsberatung ist nicht nur in dem schlimmsten anzunehmenden Fall nützlich, wenn es zum Streit zwischen Veranstalter und Autor oder Verlag kommt, sondern schon dann, wenn die Entscheidung gefallen ist, einen Verein zu gründen. Es lässt sich darüber diskutieren, ob ein Notar nötig ist, die Formalia mit dem Amtsgericht über den Eintrag in das Vereinsregister zu erledigen, aber für ein Honorar von durchschnittlich circa 40 Euro erspart man sich einige Arbeit und möglicherweise Telefoniererei mit Ämtern.

Eine kostengünstige Alternative sind öffentliche Stellen für Rechtsberatung. In einigen größeren Städten existieren Beratungsstellen, die an regionale oder auf den Stadtteil bezogene kulturelle Institutionen angegliedert sind. Hier lohnt sich eine Anfrage, ob es spezielle Angebote für Kulturveranstalter oder Vereine gibt.

VI. Auf die Zielgruppe kommt es an – Öffentlichkeitsarbeit

Ziel einer Lesung ist es, ein möglichst großes Publikum anzuziehen, das dem Autor mit Leidenschaft zuhört. Woran misst man den Erfolg einer Veranstaltung? Die Anzahl der zahlenden Gäste ist dafür ebenso Indikator wie ihre Reaktion auf den Abend: Sind viele Zuhörer schon in der Pause gegangen, ist dies ein Indiz dafür, dass der Vortrag die Erwartungen des Publikums nicht erfüllen konnte. Gab es jedoch viel Applaus, bleiben die Besucher bis zum Ende der Lesung, um sich ein Buch signieren zu lassen oder noch ein Bier am Tresen zu trinken, ist dies ein sicheres Zeichen dafür, dass die Lesung nicht nur zahlenmäßig ein Erfolg war. Das richtige (Ziel-)Publikum war am richtigen Ort. Solch ein Abend ist ein Erlebnis, das sich dem Publikum einprägt und dafür sorgt, dass auch bei der nächsten Lesung das Haus gut gefüllt ist, wenn nämlich die begeisterten Gäste die Veranstaltung weiterempfehlen.

Um diesen Effekt zu erzielen, ist es nötig, die Veranstaltung zielgruppengerecht zu kommunizieren. Dies geschieht durch Öffentlichkeitsarbeit beziehungsweise Public Relations. Die Funktion von Presse- und Öffentlichkeitsarbeit ist die Vermittlung von Informationen nach innen, also zu direkt Beteiligten von der Autorin bis zum Betreiber des Büchertisches, sowie nach außen, zu Publikum und Medien. Dazu ist der Kontakt zu Einzelpersonen, Multiplikatoren, Gruppen und Organisationen ausschlaggebend. Um die Beziehung (relations) zur Öffentlichkeit langfristig zu stärken, ist Kommunikation ein wesentlicher Faktor. Dazu gehört, den Kontakt kontinuierlich und stringent zu gestalten sowie sein Image zu pflegen. Es gilt, als literarischer Event präsent zu sein und aus der Vielzahl der konkurrierenden Angebote hervorzustechen.

Wege zum Publikum

Um sein Zielpublikum zu erreichen, sind einige wichtige Schritte nötig:

- Die Veranstaltung sollte ein deutliches Profil bekommen, das sie von anderen Lesungen abhebt.
- Alle Kontakte, die das Profil an die Öffentlichkeit bringen, sollten in gedruckter Form einheitlich und unverwechselbar gestaltet sein.
- Es gilt, geeignete Werbemittel auszuwählen.
- Für die Presse- und Medienarbeit sind eingehende Vorbereitung und eine gute Abstimmung mit dem Verlag unabdingbar.
- Die Zielgruppe bestimmt Presse- und Medienarbeit.
- Kontakte sind das wichtigste Kapital auf dem Weg, die Veranstaltung an die Öffentlichkeit zu bringen.
- Medienpartnerschaften sind ein effektiver Weg, die Lesung noch bekannter zu machen.
- Ideelle Unterstützer helfen, das Zielpublikum anzusprechen.
- In der eingehenden Nachbereitung der Öffentlichkeitsarbeit werden die Veranstaltung dokumentiert und die eigene Arbeit ausgewertet.

Um sich als besondere Lesung zu profilieren, sind zahlreiche Überlegungen wichtig, die im Vorfeld der Veranstaltung angestellt werden müssen. Um das Profil sichtbar zu machen, ist es beispielsweise erforderlich, eine Marke zu entwickeln. Sie dient dazu, die Veranstaltung unverwechselbar zu machen, was der Pressearbeit und anderen Kontakten (siehe Kapitel VI.3) dient und die Gestaltung der Werbemittel (siehe Kapitel VI.2) wesentlich beeinflusst.

In diesem Kapitel wird das Marketing, also das gezielte Eingreifen in den literarischen Markt mit der Absicht, einen ökonomischen Vorteil zu erreichen, ebenfalls thematisiert. Da sein Ziel auch darin besteht, Kontakt zur Öffentlichkeit herzustellen, wird dieser Bereich nicht so strikt von der Öffentlichkeitsarbeit getrennt, wie es aus der Sicht der Ökonomie und des Managements vielleicht angemessen wäre.

1. Marke

Unter dem Stichwort „Marke" fassen wir hier zusammen, was in anderen Zusammenhängen als *„Corporate Identity"* betitelt wird. Bei der Corporate Identity, also der Identität der Organisation, in unserem Falle der Lesung oder der Veranstaltungsreihe, geht es darum, ein bestimmtes Selbstverständnis nach außen zu vermitteln. Dabei schwingen Werte, Einstellungen, Ziele und die Haltung mit, die den Charakter der Aktivität prägen: Handelt es sich um eine klassische Lesung mit dem obligatorischen Wasserglas auf dem Holztisch oder um die Performance eines Dichters, der zu CD-Einspielungen in einer plüschigen Hotelbar seine Lyrik rappt?

Das eigene Profil

Der Öffentlichkeit ein stimmiges Profil präsentieren zu können setzt voraus, sich zunächst selbst darüber klar zu werden, welches Bild man vermitteln möchte. Dieses Leitbild umfasst die Zielvorstellungen, den Zweck der Veranstaltung, Definition der Zielgruppen und den qualitativen Rahmen der Lesung. Im weiteren Sinn umfasst die Definition der Corporate Identity die Grundsätze, nach denen gehandelt wird. Selbst- und Fremdbild müssen aufeinander abgestimmt und nach innen und außen kommuniziert werden. Die Art zu kommunizieren (optisch, verbal und non-verbal) und das Erscheinungsbild sollten ein schlüssiges und übereinstimmendes Ganzes abgeben. Treten hier Widersprüche auf, büßt die Außenwirkung ihre Überzeugungskraft ein. Im erschöpfenden Umfang ist dies natürlich nicht für eine einzelne Lesung oder eine kleine Lesereihe zu leisten. Der Hintergedanke, wie man sich selbst erfindet, sein eigenes Profil entwickelt, ist hier aus drei Gründen wichtig: Erstens ist das Profil ein wichtiger Aspekt in der Presse- und Medienarbeit, zweitens bestimmt es die Zielgruppe und somit den Stil der Veranstaltung. Schließlich grenzt es die eigene Veranstaltung von anderen ab und schärft so die Konturen gegenüber der Konkurrenz.

Das eigene Profil

Um das eigene Profil zu entwickeln sind folgende Leitfragen hilfreich:

- Was soll die Lesung vermitteln?
- Welches Publikum sprechen wir an?
- Welche Autoren und Autorinnen präsentieren wir? Gibt es in der Autorenauswahl einen roten Faden? (Siehe Kapitel II.4)
- Was unterscheidet uns von anderen Veranstaltern?
- Wie möchten wir von außen wahrgenommen werden?

Geht es darum, eine einzelne Veranstaltung zu planen, sind vor allem folgende Fragen zu beantworten:

- Welche Art der Präsentation passt zum Thema des Buches?
- Wo soll die Veranstaltung stattfinden?
- Passen Art und Ort auch zum Autor?
- Welches Zielpublikum sprechen wir an?

Zwei Beispiele illustrieren, wie ein spezielles Profil für eine Literaturveranstaltung erarbeitet werden kann:
Das Image der Veranstaltung *Würfelwort* eines Schweizer Verlegers ist geprägt von seinen Veranstaltungsorten: Das jährliche Literaturfestival findet in Leukerbad statt, einem Walliser Berg- und Badekurort. Sowohl die agierenden Autoren als auch das Publikum sind von den Leseorten fasziniert: Neben einem nächtlichen Event auf einer Berghütte, die nur über eine Gondel zu erreichen ist, nimmt sich die Lesung im Schwimmbad dabei relativ brav aus.
Ebenso zeichnet sich das große Festival *lit.Cologne* durch populäre Präsentationsformen sowie ungewöhnliche Orte aus. Darüber hinaus ziehen hochkarätige Autoren, die wie Popstars betreut werden, fünf Tage lang ihr Publikum an. Das Motto der Organisatoren lautet: „groß oder gar nicht", und demgemäß stellen sie das Programm zusammen.

Es ist sinnvoll, das Profil oder das eigene Image immer wieder einer Revision zu unterziehen, um zu kontrollieren, ob die gewünschten Inhalte auch wirklich an die Öffentlichkeit vermittelt werden. Natürlich ist das Fremdbild der Veranstaltung nur eingeschränkt zu beeinflussen. Dennoch ist es wichtig zu schauen, ob und inwiefern Selbst- und Fremdbild übereinstimmen. Dazu ist es sinnvoll, Rückmeldung von verschiedenen Gruppen einzuholen, um das Bild abzurunden: vom Publikum, den beteiligten Autoren, den Vertretern des Verlages, Entscheidungsträgern wie Förderern, von einem potentiellen Publikum, das zwar generell Interesse bekundet, aber vielleicht gerade diese Lesung nicht besuchen konnte, und idealerweise auch von einigen Menschen, die die Veranstaltung nicht besuchen würden.

Folgende Leitfragen gehören zur Rückmeldung über das Image:

- Was ist über die Veranstaltung bekannt?
- Was wird mit der Marke verbunden?
- Wir wird die Kommunikation wahrgenommen?
- Wie schneidet die Veranstaltung im Vergleich zu anderen Lesungen ab?

Corporate Design

Eine der wichtigsten Maßnahmen, das eigene Profil nach außen zu tragen, ist das *Corporate Design*, die optische Darstellung der Identität der Veranstaltung. Es ist das offensichtlichste Mittel, das potentielle Zielpublikum anzusprechen, aber auch mit Partnern, Dienstleistern, den Kollegen von Presse und Rundfunk in Kontakt zu treten. Daher gebührt dem Corporate Design, das sich beispielsweise häufig in Form eines Logos zeigt, besondere Aufmerksamkeit. Das Corporate Design setzt die Idee der Veranstaltung visuell um, es ist das Ergebnis der Entwicklung einer Corporate Identity. Es wird konsequent auf allen optischen Erzeugnissen eingesetzt: von der Broschüre über Plakate bis – im Extremfall – zur Beschriftung von Gebäuden oder Werbung durch Flugzeuge.

Das Erscheinungsbild der Marke muss drei Kriterien erfüllen:
1. Es hat einen Wiedererkennungswert.
2. Es ist unverwechselbar, seine Einmaligkeit muss gewährleistet sein.
3. Es wird einheitlich eingesetzt.

Das wichtigste Element der grafischen Gestaltung ist das Logo. Es besteht entweder aus dem Schriftzug, also dem Namen der Veranstaltung, einem Symbol, ohne das Projekt offensichtlich zu benennen, oder einer Kombination aus Name und Symbol. Auch dienen Farbgebung und Textgestaltung als Markenzeichen. Beides muss dem Anliegen der Veranstaltung entsprechen: Handelt es sich um eine traditionelle Lesung oder um eine Lesung mit dem Anspruch, als Event etwas Neues zu bieten? Um bei dem Beispiel von oben zu bleiben: Die klassische Lesung mit Lesetisch auf dem Podium würde durch einen schlichten Schriftzug in gedeckten Farben gut repräsentiert, während für die Show des rappenden Dichters am Bartresen ein ausgefallenes Logo passt. Möglicherweise ist es relativ abstrakt und nimmt gegebenenfalls das Motto des Hotels oder den musikalischen Aspekt auf. Dabei ist das Zielpublikum eine ebenfalls zu berücksichtigende Größe. Auch wenn der Dualismus Klassik versus Trend diese Entscheidungen klischeehaft zu vereinfachen scheint, liegen ihm viele Entscheidungen zum Auftritt in der Öffentlichkeit zugrunde.

Auf alle Fälle ist es essentiell, dass die grafische Darstellung mit dem Angebot übereinstimmt. Die Optik soll die Idee der Veranstaltung vermitteln und dabei die Zielsetzung und das Zielpublikum im Auge haben.

Selbstverständlich ist es nicht möglich, für jede einzelne Lesung ein eigenes Logo zu entwerfen oder jedes Mal aufs Neue das Corporate Design auf den einzelnen Abend maßzuschneidern. Handelt es sich jedoch um eine Reihe von Veranstaltungen, die einen ähnlichen Tenor, eine ähnliche Zielgruppe haben, sollte der optische Auftritt darauf abgestimmt sein.

Bei der Entscheidung für ein Logo sollte berücksichtigt werden, auf welchen Medien es erscheinen wird, um die problemlose Reproduktion zu gewährleisten.

Das Logo

Das Logo erscheint auf folgenden Medien:

1. Drucksachen
2. Presseinfo
3. Briefkopf
4. Visitenkarten
5. Broschüren
6. Flyer
7. Postkarten
8. Plakate
9. Programmhefte
10. Einladungen
11. Eintrittskarten
12. „Reserviert"- Schilder
13. Wegweiser
14. Hinweisschilder
15. Raum / Gebäudebeschriftung

Internet:

    Homepage

anderes:

1. Fahnen
2. Planen
3. Banner/Textilbespannung

In Übereinstimmung mit dem Veranstaltungsprofil müssen neben dem Logo auch alle weiteren grafischen Schritte durchdekliniert werden. Dazu gehören:

1. Größe des Logos
2. Farbgebung
3. Textgestaltung beziehungsweise Layout
4. zu verwendende Schrifttype
5. Sonderzeichen
6. Durchschuss
7. Spaltenbreite
8. Position von Fotos und Illustrationen
9. Über- und Unterschriftengröße

Diese einzelnen Elemente sollten aufeinander abgestimmt werden, so dass der Stil erkennbar wird, und selbstverständlich sollten sie einheitlich eingesetzt werden, ob auf der Visitenkarte oder beim Internetauftritt.

In den meisten Fällen wird man für die Entwicklung des Corporate Designs ein Grafikdesign-Büro beauftragen. Für die Zusammenarbeit mit den Gestaltern ist ein eingehendes Briefing, also die detaillierte Beschreibung des Auftrages, extrem wichtig, um ein gutes Ergebnis und eine effiziente Abwicklung des Auftrages zu gewährleisten. Inhalte der Vorbesprechungen sollten das Konzept der Veranstaltung, das Leitbild, Inhalt und Form der Lesungen, das Ziel, die Zielgruppe sowie die spätere Anwendung des Designs sein: Briefkopf oder möglicherweise DIN A 0-Plakat? Zwischenabsprachen sind auf alle Fälle sinnvoll, um schnell zum gewünschten Ergebnis zu kommen.

Sind Markenzeichen und Erscheinungsbild erstellt, ist es wichtig, sie bei allen beteiligten Mitarbeitern einzuführen, um sicher zu stellen, dass sie das Logo einheitlich verwenden. Außerdem muss dafür gesorgt werden, dass altes Briefpapier und frühere Entwürfe vernichtet werden, damit sie nicht aus Versehen weiter versendet werden.

2. Werbemittel

Der Einsatz von Werbemitteln wie Plakaten oder Flyern beziehungsweise Handzetteln ist ein Instrument des Marketings. Sein Zweck ist es, konkrete Verkaufsförderung zu betreiben, das heißt in unserem Fall, für den Besuch der Lesung zu werben. Vor dem Hintergrund des Corporate Design müssen die Werbemittel auf die Zielgruppe abgestimmt sein und sinnvoll an unterschiedlichen Orten verteilt werden. Das Spektrum von Werbemitteln ist sehr groß, es reicht von bedruckten Kugelschreibern bis zu großflächiger Werbung auf öffentlichen Verkehrsmitteln. Hier soll nur auf die wichtigsten Medien eingegangen werden, mit denen für literarische Veranstaltungen effektiv geworben wird.

Plakate

Plakate weisen auf die Veranstaltung hin, ohne die Rezipienten zu differenzieren. Ein Plakat erreicht also alle Betrachter, ob sie sich für Literatur interessieren oder nicht. Daher ist die Zielgerichtetheit von Plakaten relativ gering, was auf der anderen Seite den Vorteil hat, auch Zuschauer anzusprechen, die normalerweise nicht zur Zielgruppe gerechnet würden. Größe und Ausstattung der Plakate ist auf die Veranstaltung abzustimmen: Farbige Plakatierung wird stärker wahrgenommen als schwarz-weiße, die bezüglich der Druckkosten allerdings deutlich günstiger ist. Die Kosten variieren nach Anzahl der verwendeten Farben, Größe und natürlich der Auflagenhöhe. Sehr kostenaufwendig ist die Belichtung, die bei jedem Druck anfällt. So macht es häufig nur einen geringen Unterschied, ob man eine Auflage von 2 000 oder 4 000 Stück in Auftrag gibt. Generell gilt: Je höher die Auflage ist, desto geringer ist der Stückpreis. Die Auflage richtet sich nach der Anzahl der Lokalitäten und Städte beziehungsweise Stadtteile, in denen plakatiert wird. Dies richtet sich wiederum nach der Zielgruppe, die erreicht werden soll. Werden beispielsweise jüngere Konsumenten zwischen 20 und 35 Jahren angesprochen, ist es sinnvoll, in Univierteln und Stadtteilen mit hoher Kneipendichte zu plakatieren, weniger in Wohnvierteln oder Außenbezirken.

Um die Anzahl der Plakate zu bestimmen, gilt es also, die Zielgruppe und die passenden Orte genau zu bestimmen. Beispielsweise ist eine Auflage von 500 Stück für zwei Viertel einer Großstadt wie Hamburg ausreichend. Beauftragt man einen Dienstleister mit der Plakatierung, ist es wichtig, sich genau über Anzahl und Orte abzustimmen. Dabei ist es manchmal hilfreich, die Erfahrungswerte des Plakatierungsdienstes in die eigenen Überlegungen einzubeziehen.

Einige Dienstleister bieten nicht nur die Verteilung, sondern auch den Druck an. In diesem Fall lohnt sich ein Preisvergleich mit einer Druckerei, die meistens günstiger ist. Zur Abwicklung: Die Druckerei erhält die Dateien mit dem Entwurf vom Grafiker, meistens via E-Mail oder CD-ROM, druckt die Plakate und liefert sie, nach Absprache, an den Plakatierungsdienst oder den gewünschten Ort.

Plakate sollten zwei bis drei Wochen vor der Veranstaltung hängen, dies ist bei der Zeitplanung mit Grafiker, Druckerei und Verteiler zu berücksichtigen.

Werbemittel

Bei allen Werbemitteln, die auf eine Veranstaltung hinweisen, werden folgende Informationen vermittelt:

- Name der Veranstaltung / des Veranstalters
- Name des oder der Autoren
- Ort mit Adressenangabe
- Zeit
- Einlass
- Höhe des Eintritts
- ggf. Logo oder Name von Förderern oder / und Sponsoren
- ggf. Wegbeschreibung oder Angabe, wie man den Ort mit öffentlichen Verkehrsmitteln erreicht

---

Flyer

Flyer, Handzettel oder Postkarten werden im Folgenden synonym gebraucht. Für sie gelten im Wesentlichen dieselben Kriterien wie für Plakate: Vorab ist die Zielgruppe zu bestimmen und ein Verteiler festzulegen. Die Flyer sollten unbedingt vom Layout an die Plakate angelehnt, wenn nicht sogar mit ihnen identisch sein. Um Kosten zu sparen ist es sinnvoll, die Flyer zusammen mit den Plakaten drucken zu lassen, weil dies auf einem Druckbogen geschehen kann. Auch kann man den Dienstleister, der die Plakatierung übernimmt, mit der Verteilung der Flyer beauftragen. Für das obige Beispiel, zwei Stadtviertel einer Großstadt, reichen circa 4 500 Flyer aus. Im Gegensatz zu Plakaten sind Flyer flexibler zu verteilen, man kann sie auch an Orten auslegen, an denen Plakate nicht gehängt werden können. Ein weiterer Vorteil ist, dass das interessierte Publikum sich die Informationen über die Veranstaltung in die Tasche stecken und mit nach Hause nehmen kann, was einen nachhaltigeren Eindruck hinterlässt als der flüchtige Blick auf ein Plakat.

Sowohl bei Plakaten als auch bei Flyern ist es wichtig zu überlegen, an welchen Orten die potentiellen Besucher angesprochen werden können. Folgende Liste gibt einige Beispiele:

- ähnliche Veranstaltungen wie Lesungen
- Literaturhäuser
- Buchhandlungen
- Kneipen
- Clubs
- Foyers von Theatern oder Kinos
- Theaterkassen

Selbstverständlich ist es am besten, wenn auf einer Veranstaltung gleich die Flyer für die nächste Lesung verteilt werden und man als Veranstalter somit ein Zielpublikum erreicht, wie es spezifischer nicht sein kann.

Darüber hinaus sollten selbstverständlich auch Förderer und Sponsoren mit Werbemitteln versorgt werden, damit sie auch intern, etwa bei Geschäftspartnern und Mitarbeitern, für die Veranstaltung werben können.

Sowohl bei den Plakaten als auch bei den Flyern ist eine Kontrolle angebracht: Hängen die Plakate? Liegen die Flyer dort aus, wie man es mit dem Dienstleister vereinbart hat? Natürlich ist die Kontrolle der Wirksamkeit von Werbung extrem schwierig, jedoch kann man zumindest auf die Verteilung Einfluss nehmen.

Außenwerbung

Außenwerbung wie beispielsweise Folien oder Transparente, die an Gebäudefassaden gehängt werden, ist für literarische Veranstaltungen eher die Ausnahme. Handelt es sich jedoch um eine große Reihe wie ein Literaturfestival, wird Außenwerbung häufig eingesetzt. Selten sind die

Unkosten aus eigener Kraft zu decken, daher sind gerade bei dieser Form der Veröffentlichung häufig Sponsoren involviert.

Ein gutes Beispiel für die Nutzung von Außenwerbung ist die alljährliche Aktion *poesie in die Stadt*, die 1999 vom Literaturhaus Hamburg initiiert wurde. In den Sommermonaten hängt Lyrik unterschiedlichster Form in den U-Bahnhöfen und in Schaukästen, beispielsweise an Bushaltestellen. Mittlerweile beteiligen sich acht große Literaturhäuser aus Deutschland, Österreich und der Schweiz an diesem Event und bestücken Großstädte von Berlin bis Basel mit großflächiger Poesie. Maßgeblich wird diese Aktion von einer Stiftung gefördert, als Sponsoren treten die lokalen Plakatierfirmen auf, die die Flächen kostenlos zur Verfügung stellen. Unterstützt die wird Kampagne von einer großen Zeitung sowie einem TV-Sender.

Programmhefte

Programmhefte bieten potentiellen Besuchern die Möglichkeit, sich eingehender mit Inhalt und Zielsetzung der Veranstaltung zu beschäftigen. Ein Programmheft vermittelt das Profil der Veranstalter, sein Selbstverständnis, die Idee, die hinter den Lesungen steckt und das Konzept, sowie natürlich weitere Hintergrundinformationen. Programmhefte geben detaillierte Auskunft über aktuelle und geplante Lesungen, eingeladene Autoren und möglicherweise Hinweise auf ähnliche Veranstaltungen.

Darüber hinaus präsentiert beispielsweise der Hamburger *Machtclub* in seinem *Machtmagazin* Auszüge aus den Büchern, aus denen die eingeladenen Autoren in der Veranstaltung lesen. Die Hefte erscheinen in unregelmäßiger Folge und werden bei den Clublesungen kostenlos verteilt. Neben Informationen zu den einzelnen Lesungen gibt das Magazin eine Vorschau auf das Programm der nächsten Monate, stellt neue Literaten aus der lokalen Szene vor und rezensiert eine Auswahl an Neuerscheinungen. Mit einer Auflage von 2 000 Exemplaren ist die Realisierung des *Machtmagazins* von der Förderung durch Sponsoren abhängig. (Siehe dazu Kapitel VI.3)

Internet

Das Internet wird eingehender in Kapitel VII thematisiert. Hier soll auf seine Bedeutung für die Öffentlichkeitsarbeit hingewiesen werden. Das Internet erfüllt zwei Funktionen: Zum einen ist es Instrument der Öffentlichkeitsarbeit, wenn Informationen auf einer Website zur Verfügung gestellt und beispielsweise Presseinfos über E-Mails verteilt werden. Zum anderen können E-Mails gezielt als Werbemittel eingesetzt werden, um Ankündigungen der aktuellen Veranstaltung an die Zielgruppe zu senden.

Eine Website bietet sich aufgrund ihrer Flexibilität als Mittel der Öffentlichkeitsarbeit an, um Informationen über Veranstalter und Lesungen sowie Autoren bereitzustellen. Jederzeit ist es möglich, zu erfahren, wann wer an welchem Ort aus welchem Buch liest. Die Website ist auch ein geeigneter Ort, mehr über das Profil des Veranstalters und das Konzept der Lesungen zu erfahren. Dies sind Informationen, die sonst nur im umfangreichen Rahmen eines Programmheftes zu vermitteln sind. Dabei sind die Kosten einer Website im Vergleich zu den Druckkosten verhältnismäßig gering. Ein weiterer wesentlicher Vorteil des Internets ist seine Aktualität.

Pressestimmen geben einen zusätzlichen Einblick, wie die Veranstaltungen bei Publikum und Multiplikatoren angekommen sind. Ebenso kann ein Newsletter, soweit vorhanden, abonniert werden. Darüber hinaus ist es sinnvoll, für die aktuelle Veranstaltung einen Link zum jeweiligen Verlag, der selbst natürlich auch auf die Veranstaltung hinweisen sollte, anzubieten. Es ist wahrscheinlich, dass institutionelle Förderer sowie Sponsoren um gegenseitige Verlinkung der Websites bitten.

E-Mails sind ein effizientes Instrument, um Informationen an die Zielgruppe weiterzuleiten. Im Sinne der Kundenbindung ist es nutzbringend, dass der Besucher der Website die Möglichkeit hat, die eigene E-Mail-Adresse zu hinterlassen, um über weitere Veranstaltungen informiert zu werden.

Außerdem bietet es sich an, während der Veranstaltung eine Liste dafür auszulegen. Adressen aus beiden Quellen bilden den Grundstock für einen E-Mail-Verteiler, um Interessenten in kürzester Zeit Ankündigungen zu senden. Dieser Verteiler zeichnet sich durch seine Präzision aus, denn auf wenigen anderen Wegen ist es möglich, derart kostengünstig und exakt die Gruppe potentieller Besucher zu bestimmen und anzusprechen. Um sicherzustellen, beziehungsweise die Wahrscheinlichkeit zu erhöhen, dass die Empfänger die Nachricht auch tatsächlich lesen, ist die Formulierung der Betrifftzeile des Mails ausschlaggebend: Je mehr Inhalt sie in aller Kürze vermittelt, je spezifischer und präziser sie ist, desto konsumentenfreundlicher ist sie. Die Überschriften *Programm* oder *Info* machen so gut wie keine Aussage und sprechen nur diejenigen an, die den Absender kennen und die Information mit Literatur in Verbindung bringen. Eine Betrifftzeile wie „Literaturshow mit den Autoren A, B und C am 25. Mai" hat schon Informationswert an sich und spricht die Neugier des Lesers an, was hoffentlich dazu führt, dass er das ganze Mail liest. Dies trifft umso mehr für Informationen für den Presseverteiler zu.

3. Presse- und Medienarbeit

In den wenigsten Fällen steht Geld zur Verfügung, um in den Printmedien oder im Rundfunk durch Anzeigen auf eine Lesung hinzuweisen. Die redaktionelle Berichterstattung in der Presse und im Radio ist daher der wichtigste Weg, eine breite Öffentlichkeit zu erreichen. Eine talentierte neue Autorin, ein hervorragendes Debüt, erstklassige Rezensionen, ein bekannter Name als Moderator, ein sorgfältig ausgewählter Leseort – all dies nützt nichts, wenn die Monats- und Tagespresse oder der regionale Rundfunk nicht auf die Lesung hinweisen. Kommen unter diesen guten Bedingungen nur zehn Zuhörer, liegt es daran, dass die Veranstaltung den Medien nicht oder in nicht ausreichendem Maß kommuniziert wurde. Daher muss die Presse- und Medienarbeit extrem gut vorbereitet und organisiert sein.

Vorbereitung
Natürlich sollten die Informationen über die Veranstaltung nicht nur gut aufbereitet, sondern auch möglichst breit gestreut werden: Je mehr Medien den Leseabend ankündigen, desto besser, jedoch sollten im Vorfeld folgende Überlegungen angestellt werden:

Zusammenarbeit mit dem Verlag
Bis auf die ganz kleinen hat jeder Verlag eine Mitarbeiterin (meistens sind es Frauen) für Presse- und Öffentlichkeitsarbeit, wenn nicht gar ganze Abteilungen. Sie sind häufig auch für die Lesungen zuständig; zu der jeweiligen Ansprechpartnerin steht man also wahrscheinlich schon in Kontakt. Unbedingt mit dem Verlag zu klären ist die Verteilung der Aufgaben und Kompetenzen: Er bewirbt Neuerscheinungen in den meisten Publikumszeitschriften und Magazinen sowie in der überregionalen Tages- und Wochenpresse und den wichtigsten regionalen Zeitungen. Häufig ist es die Aufgabe des Veranstalters, die regionalen und lokalen

Medien mit Informationen zu versorgen. Es ist besonders wichtig, genau abzustimmen, was der Veranstalter übernimmt, was der Verlag abdeckt, und die Kontakte abzugleichen.

Klären Sie folgende Fragen mit dem Verlag vorab:

- In welchen Medien wurde für das Buch schon geworben?
- Bestehen vom Verlag aus schon Kontakte zu lokalen Zeitungsredaktionen und Radiosendern?
- Sind dort schon Ansprechpartner bekannt? Lassen Sie sich die Namen geben und klären Sie, welche Informationen dort schon vorliegen, damit Sie nicht aus Unwissenheit die Redakteure doppelt mit Material versorgen. Das ist nicht nur unprofessionell, sondern kostet auch Ihre Zeit und meistens Geld.
- Wurden schon Lese- beziehungsweise Rezensionsexemplare an die lokalen Medien versendet? An wen? Es lohnt sich, bei diesen Personen noch einmal nachzuhaken.

Außerdem benötigt man vom Verlag folgende Informationen, um die Presseinformation für die lokalen oder regionalen Medien vorzubereiten:

- Presseinformation
- Kurzinformation über das Buch
- Langinformation über den Titel
- Autoren-Fotos (auf Papier und digital)
- ggf. Fotos vom Cover (auf Papier und digital)
- falls vorhanden: Pressemappe mit Pressespiegel
- Werden oder wurden Lese- oder Rezensionsexemplare beziehungsweise Fahnen verschickt?
- Steht der Autor für Interviews zur Verfügung?

Die Presse- und Medienarbeit auf die Zielgruppe abstimmen

Mit der Veranstaltung wird eine bestimmte Zielgruppe anvisiert. Sie wird aufgrund von Inhalt und Stil des Buches und des Autors definiert, und es werden der Leseort sowie möglicherweise der Zeitpunkt aufgrund dieser Kriterien abgestimmt. Um Ihr Wunschpublikum zu erreichen ist es nötig, die Öffentlichkeitsarbeit anzupassen. Das fängt bei der Formulierung der Presse- und Medieninformation an, bei der der Ton zwischen gesetzt und traditionell und hip und flippig variiert, und hört bei der Auswahl der Medien auf. Naturgemäß klingt die Ankündigung für die Präsentation der literarischen Biographie einer Operndiva anders als die neuen Enthüllungen über den vermeintlichen Selbstmord eines Popstars. Welche Medien nutzt Ihr Zielpublikum? Liest es die Sonntagszeitung mit großem Feuilleton oder die Tagespresse mit ausgiebigen Veranstaltungshinweisen? Hört es den Sender mit den größten Hits der neunziger Jahre oder ein Programm mit klassischer Musik? Selbstverständlich kann der Auswahl der Medien keine Nachfrage- oder Publikumsanalyse vorausgehen, und häufig sind Veranstalter auf ihre Vorurteile, oder – netter ausgedrückt – ihr Gespür angewiesen. Aber hier kann es sinnvoll sein, sich mit dem Verlag auszutauschen. Welche Erfahrungen hat er gemacht?

Bevor man unbekannte Zeitungen anruft und anschreibt, hilft die Lektüre der Medien, die nicht zu dem eigenen gewohnheitsmäßigen Konsum gehören, selbige einzuschätzen. Die Auswahl an Ankündigungen und Buchbesprechungen vermittelt ein Bild, an welches Klientel sich das Blatt wendet.

Wichtig ist die Angemessenheit der Information für die Zielgruppe. Wie gesagt: um Opernbesucher für eine Lesung zu interessieren, sind ein anderer Ton und andere Stichworte nötig als für Rockfans.

Presseinformation

Kernstück der Presse- und Medienarbeit ist die Pressemitteilung oder die Presseinfo, die die Veranstaltung in kürzester Form ankündigt. Sie ist die Grundlage, anhand derer die Redaktionen eine Nachricht für die Zeitung oder den Sender auswählt. Auf ihr basiert ein Artikel beziehungsweise ein Bericht. Die Presseinfo muss also zwei Aufgaben erfüllen: präzise informieren und zugleich für die Veranstaltung werben, indem sie zu allererst die Aufmerksamkeit des zuständigen Redakteurs auf sich zieht. Sie muss klar formuliert sein und alle wichtigen Informationen enthalten. Dass es sich dabei um einen Computerausdruck, wohl seltener um ein maschinengeschriebenes Blatt handelt, ist selbstverständlich. Meistens jedoch wird die Presseinfo per E-Mail versendet.

Die Presseinfo

Folgende Informationen gehören in die Presseinfo:
- Überschrift: Titel der Veranstaltung, Termin
- Untertitel: Autor/in X stellt sein /ihr neues Buch Y in Z (Angabe des Leseortes) vor
- Kurztext zum Inhalt des Buches
- ggf. Kurztext zum Autor/Autorin

Zusammenfassung in letztem Absatz:
- Termin, Zeitangabe
- Ort, Adresse
- Eintritt
- Telefonnummer und E-Mail beziehungsweise Kontaktadresse für Rückfragen

Zu den Formalia:
- maximal 1 Seite
- Papier einseitig bedrucken
- breiten Rand lassen
- Zeilenabstand 1,5
- keine Hervorhebungen im Text

Sowohl in der Presseinfo als auch in einem längeren Text müssen die üblichen Standards berücksichtigt werden: Die Informationen beantworten die journalistischen W-Fragen: Wer? Was? Wann? Wo? Wie? Warum? Die Priorität der Informationen bestimmt die Reihenfolge: Die wichtigsten werden zuerst gegeben, da Redaktionen vom Ende her kürzen. Das heißt zum Beispiel, dass Hinweise auf weitere Bücher des Autors oder die nächsten Stationen der Lesereise an das Ende der Pressemitteilung gesetzt werden. Sie sind für die aktuelle Lesung zweitrangig und können gegebenenfalls gestrichen werden.

Werden von den Medien weitere Informationen gewünscht, wird ein längerer Text formuliert. Dazu ist die AIDA-Regel nützlich. Das Akronym steht für *Attention – Interest – Desire – Action*. Der Text soll die Aufmerksamkeit des Lesers erregen (*attention*), sein Interesse wecken (*interest*), bei ihm einen Wunsch, nämlich die Lesung zu besuchen, hervorrufen (*desire*) und schließlich ihn dazu bringen, seinen Wunsch in Handlung umzusetzen, also auch tatsächlich zur Veranstaltung zu gehen (*action*). Darüber hinaus gehören in einen längeren Pressetext weitere Informationen wie beispielsweise ein Auszug aus dem Buch. Manchmal bietet sich auch der Klappentext an oder ein Zitat aus einer Rezension beziehungsweise eines Kritikers, eine Veröffentlichungsliste des Autors sowie seine Kurzvita, also einen kurzen Lebenslauf, der sich in wenigen Zeilen auf das Wichtigste beschränkt.

Die Redaktionen sind normalerweise an Fotos des Autors und gegebenenfalls des Buchcovers interessiert. Eine gewisse Anzahl von Fotos sollte rechtzeitig vom Verlag angefordert werden. Besonders die Monatspresse wie Stadtmagazine kündigt Lesungen gern mit Bild an. Dies erhöht die Wahrscheinlichkeit, überhaupt einen Platz auf den Literatur- oder Kulturseiten zu bekommen.

Der Abdruck von Autorenfotos ist häufig abgabepflichtig, was das Honorar für den Fotografen angeht. Es wird passieren, dass Zeitungen nach einem Foto fragen, das honorarfrei ist. Möglicherweise ist das unter anderem auch ein Kriterium, ob es erscheint oder nicht.

Tipps für die Pressearbeit

Das Interesse der Redakteure und Redakteurinnen ist häufig nicht leicht zu gewinnen. Auf der anderen Seite sind sie auf Veranstaltungshinweise angewiesen und durchaus froh, über eine interessante Lesung berichten zu können. Der Veranstalter hat also den Journalisten durchaus etwas zu bieten. Es gibt keinen Grund, sich in die Rolle des Bittstellers zu fügen, vielmehr ist das Verhältnis zwischen Mitarbeitern der Presse- und Medienlandschaft und Veranstaltern von Geben und Nehmen geprägt.

Redakteure sind auf der Suche nach Aufhängern, mit denen sie ihre Leser oder Zuhörer begeistern können. Das gelingt dadurch, Atmosphäre zu vermitteln und Assoziationen hervorzurufen. Einige Veranstaltungen bieten sich an, ein Motto zu entwickeln, das die Fantasie anregt. Dazu gehören etwa Poetry Slams oder Lesungen an ungewöhnlichen Orten, beispielsweise die Hamburger Lesereihe *poets on the beach*, die jährlich in den Sommermonaten am Ufer der Elbe stattfindet. Der Slogan *Das Paris – Dakar unter den Slams*, die Ankündigung *Mit dem Blick auf den Hafen und einem kühlen Alster in der Hand lesen die Dichter barfuß an Hamburgs Reviera* oder der Titel der Lesung *Bewegungsfreiheit* des Literaturhauses München vermitteln bestimmte Bilder. Sie sind besser geeignet, dem Zeitungsleser im Gedächtnis zu bleiben als die schlichte Unterzeile *Veranstaltungshinweis: Lesung am ... um ...* Außerdem hat das Motto die Funktion, das Image und das Profil der Veranstaltung spielerisch zu vermitteln.

Die Informationen für den Kurz- oder Langtext liefert die Pressemappe aus dem Verlag. In vielen Fällen existieren bereits Presseinfos, die in Hinblick auf die bestimmte Lesung leicht geändert verwendet werden können. Dabei müssen die örtlichen Gegebenheiten wie der Leseort und die Zielgruppe berücksichtigt werden.

Die Pressemappe umfasst gewöhnlich ein Exposé über das Buch, eingehende Informationen über den Autor, Pressefotos und einen Pressespiegel, also eine Zusammenstellung von Artikeln, die bisher erschienen sind.

Mediaplanung

Der dritte wichtige Schritt, nachdem man die Zielgruppe bestimmt und die Presseinfo formuliert hat ist es, die Medien auszuwählen, in denen die Vorankündigung erscheinen soll. Ausschlaggebend dafür sind der regionale und lokale Bezug, die Art der Veranstaltung und die Zielgruppe.

Zu den wichtigsten Medien gehören die lokalen und regionalen Tageszeitungen, da sie täglich über kulturelle Veranstaltungen informieren. Meistens verfügen sie über einen gesonderten Veranstaltungsteil, der einmal wöchentlich erscheint. Dort wird ausführlicher über das kulturelle Angebot der Stadt berichtet. Idealerweise nimmt die Redaktion die Ankündigung mit eingehender Darstellung und Foto, vielleicht sogar mit einem Autoren-Interview, in diesen Teil auf und weist im Tageskalender ein weiteres Mal auf die Lesung hin.

Ebenfalls sehr wichtig sind die monatlichen Stadtmagazine, die ausführlich über Literatur, Theater, Musik und Kino berichten. Gewöhnlich haben sie eine oder mehrere Literaturseiten. Hier sollte die Ankündigung erscheinen, am besten ebenfalls mit Foto. Normalerweise wird die Lesung darüber hinaus in dem Veranstaltungskalender an dem jeweiligen Tag noch mit einem Zwei- oder Dreizeiler erwähnt. Die Stadtmagazine bieten sich für gesonderte Aktionen an, etwa für die Verlosung von Eintrittskarten oder Büchern (siehe dazu Kapitel VI.4).

Die Redaktionen von regionalen Rundfunksendern nehmen in ihren Tagestipps auch Lesungen auf, vorausgesetzt natürlich die Zielgruppe der Veranstaltung stimmt mit der des Senders überein. Das lokale Fernsehen wird nur in Ausnahmefällen Interesse zeigen, über eine Lesung zu berichten: Das wären Großveranstaltungen wie ein Literaturfestival oder Lesungen an besonders ausgefallenen Orten sowie von Starautoren. Dasselbe trifft für überregionale Zeitungen sowie Wochen- und Sonntagszeitungen zu.

Auch Publikumszeitschriften, insbesondere die breite Sparte an Frauenzeitschriften, stellen neue Bücher und Autoren vor. Aber auch hier gilt, dass sie eher über eine spektakuläre Veranstaltung berichten. Darüber hinaus drucken Fachzeitschriften wie beispielsweise *Literaturen* Veranstaltungstipps ab, dabei ist jedoch der relativ lange Vorlauf von circa zwei Monaten zu berücksichtigen.

Tipps für die Pressearbeit

Es zeigt sich, dass das Sommerloch sowohl im Rundfunk als auch bei den Printmedien ein Interesse an literarischen Veranstaltungen freisetzt, von dem man profitieren kann. Eine Literaturshow in den Sommermonaten zu platzieren, muss nicht unbedingt heißen, dass der Autor vor leeren Stuhlreihen liest. Die Berichterstattung in Zeitungen übersteigt im Sommer häufig das zu erwartende Maß.

In den meisten Großstädten gibt es mittlerweile monatliche Zeitungen, in deren Redaktionen Obdachlose (mit-)arbeiten und die von ihnen verkauft werden. Darunter sind Publikationen, die einen hervorragenden Literaturteil haben, in dem besonders ausführlich über Veranstaltungen berichtet wird. Dazu gehört beispielsweise die *Hinz & Kunzt* aus Hamburg, die in ihrem redaktionellen Teil regelmäßig Literatur thematisiert.

Abgesehen von Printmedien und Rundfunk sollte man auch die freien Redakteure mit Informationen versorgen. Der Kontakt zu ihnen entwickelt sich häufig erst über einen längeren Zeitraum, manchmal aber leitet die zuständige Redaktion den Veranstaltungshinweis zur Bearbeitung an eine oder einen Freien weiter. Hinsichtlich einer späteren Zusammenarbeit ist es sinnvoll, ihn oder sie in die eigene Datei der Pressekontakte aufzunehmen. Wichtig ist dabei, alle weiteren Redaktionen zu notieren, für die die Freien arbeiten.

Andere Organe

Vielfach geben Kultusministerien, Kulturbehörden oder lokale Kulturvereine Veranstaltungsprogramme heraus, die normalerweise kostenlos ausliegen. Auch hier ist es sinnvoll, die Lesung anzukündigen.
Stiftungen haben häufig eigene Publikationen, um über ihre Tätigkeit zu informieren. Wird die Veranstaltung von einer Stiftung gefördert, sollte sie in einem entsprechenden Newsletter oder einer Broschüre verlautbart werden. Damit ist beiden Seiten gedient: Die fördernde Institution belegt den Stiftern gegenüber ihre Aktivitäten, und der Veranstalter hat eine zusätzliche Möglichkeit, weitere Besucher für die Lesung zu gewinnen. Diese Publikationen eignen sich außerdem ebenfalls für die Nachberichterstattung. (Siehe dazu Kapitel IV.2)

4. Kontakte

Die Presse- und Öffentlichkeitsarbeit basiert auf Kontakten. Je intensiver diese sind und je besser man die jeweiligen Ansprechpartner kennt, desto wahrscheinlicher ist es, dass die Veranstaltung bekannt gemacht wird und ihr Zielpublikum erreicht.

Presse
Sobald man die Medien ausgewählt hat, die man ansprechen möchte, sollten wichtige Informationen gesammelt werden, die die weitere Arbeit erleichtern und beschleunigen:

Informationen über die einzelnen Medien

- Wer ist der konkrete Ansprechpartner in der Redaktion (Durchwahl und E-Mail)?
- Wann ist Redaktionsschluss?
  Bei der Fachpresse kann das bis zu zwei Monaten vor Erscheinungstermin sein. Bei der Monatspresse ist des normalerweise der 10. des Vormonats. Bei der Tagespresse reicht häufig eine Woche Vorlauf, wobei der Erscheinungstermin des Wochen- oder Veranstaltungskalenders berücksichtigt werden muss.
- Wie ausführlich muss die Ankündigung sein (Presseinfo oder Langtext, weitere Informationen über den Autor)?
- Wird ein Autoren-Foto benötigt?
- Wird ein Interview mit dem Autor gewünscht?
- Ist eine Sonderaktion wie Verlosung möglich?

Es kostet natürlich eine Menge Zeit, die jeweilige Redaktion anzurufen und sich mit dem zuständigen Redakteur verbinden zu lassen, doch diese einmalige Investition zahlt sich bei jedem weiteren Kontakt aus, um über eine neue Veranstaltung zu informieren. Der Veranstalter sollte sicherstellen, dass der Redakteur die Informationen bekommt, die er braucht. Einige Journalisten quält jede weitere Seite mit Fakten zur Neuerscheinung, andere freuen sich, umfassend informiert zu werden. Dies sowie die Arbeitsschwerpunkte, aber auch die persönlichen Interessen des Redakteurs gilt es herauszufinden. Gegebenenfalls laufen Verlosung-en und ähnliches über eine andere Abteilung, beispielsweise Marketing oder Promotion. Auch dort sind Ansprechpartner und Möglichkeiten, die Veranstaltung in die Zeitung zu bringen, zu ermitteln. Es ist sinnvoll, eine Adressen-Datei oder -kartei anzulegen, um diese Informationen zu notieren.

Adressen-Datei oder -Kartei

Eine Adressen-Datei oder -Kartei ist ein wichtiges Werkzeug, um die Pressearbeit erfolgreich durchzuführen. Wichtig sind nicht nur die Eckdaten des Mediums und des Ansprechpartners wie selbstverständlich Adresse, E-Mail-Kontakt, Durchwahl und Faxnummer, sondern auch eine Übersicht über die Kommunikation: Wann fand der letzte Kontakt zu welchem Thema statt? Mit je mehr Menschen man zu tun hat, desto mehr helfen diese Informationen, die Übersicht zu behalten. So lassen sich peinliche Versehen vermeiden, wie zum Beispiel dieselbe Presseinformation zweimal an einen Redakteur zu senden.

Neben den Medienkontakten ist sinnvoll, Autoren und Verlage in die Datei aufzunehmen, ebenfalls mit einer Notiz über den jeweils letzten Kontakt: Welche Absprachen gab es mit der Presseabteilung des Verlages A? Wie heißt die neue Ansprechpartnerin für Lesereisen? Warum lehnte Autorin B die Einladung zu einer Lesung ab? Welche Honorare erwartet Autor C gewöhnlich?

Essentiell ist es natürlich, die Datei auf dem neuesten Stand zu halten und Änderungen regelmäßig nachzutragen. Zeit in die Pflege der Daten zu investieren zahlt sich spätestens dann aus, wenn in letzter Minute die Veranstaltung an einen anderen Ort verlegt werden muss und die Tagespresse am betreffenden Tag die Notiz noch drucken soll.

Trotz aller Mühe und guter Vorbereitungen spielt ein unberechenbarer Faktor eine Rolle, wenn es darum geht, die Veranstaltung in die Medien zu bringen und die gewünschte Zahl an Besuchern zu gewinnen: Schicksal beziehungsweise Glück. Findet die Veranstaltung gerade am Abend des Finales der Fußball-Europameisterschaft statt, ist es nicht verwunderlich, dass weniger Gäste als erwartet kommen. Oder spielt am selben Abend ein weltberühmter Popstar in der Stadt, wird die lokale Presse wahrscheinlich auf dieses Event intensiver eingehen und der Ankündigung für die Lesung nur ein paar Zeilen am Rand einräumen, obwohl ein längerer Artikel mit Foto versprochen war. Auch plötzliche Ereignisse oder Anzeigenkunden können den Erfolg der Pressearbeit deutlich schmälern. Dies sollte man im Kopf behalten und sich davon nicht entmutigen lassen, auch oder gerade weil es sich nicht ändern lässt.

Medienpartner

Für eine Veranstaltungsreihe, eine große Literaturshow oder einen sehr bekannten Autor ist es sinnvoll, mit Medienpartnern zusammenzuarbeiten. Zweck einer Medienpartnerschaft ist es, die Veranstaltung in dem jeweiligen Medium über das übliche Maß hinaus anzukündigen: Sei es durch eine höhere Anzahl von Hinweisen, beispielsweise die mehrfache Ankündigung im Rundfunk, sei es durch eine besonders intensive Berichterstattung, etwa in der Tagespresse.

Die Auswahl des oder der Medienpartner hängt von der Veranstaltung und ihrer Zielgruppe sowie der Zielgruppe des Mediums ab. Auch hier gilt, dass das Medium und die Form der Publikumsansprache der Veranstaltung angemessen sein müssen, um das Zielpublikum zu erreichen (siehe dazu Kapitel VI.3).

Häufig ist es angebracht, mehrere Medien zu kombinieren. Sinnvoll ist die Kombination zweier Medien, die sich ergänzen, wie zum Beispiel ein Stadtmagazin und eine Tageszeitung. Mit ihnen lassen sich verkaufsfördernde Maßnahmen vereinbaren, wie eine Verlosung von Büchern oder Eintrittskarten. Von solchen Sonderaktionen profitieren beide Seiten: Die Veranstaltung erregt größeres Aufsehen und das Stadtmagazin etwa fördert die Kundenbindung zu seines Lesern.

Eine Medienpartnerschaft benötigt häufig einen längeren Vorlauf als die normale Pressearbeit, weil die Entscheidung, mit einem bestimmten Veranstalter in dieser Form zusammenzuarbeiten, häufig nicht von dem zuständigen Redakteur allein gefällt wird. Sie bedarf der Absprache mit dem leitenden Redakteur und / oder anderen Redaktionen, etwa der Promotion- oder Marketing-Abteilung. Für den Medienpartner ist die geschätzte Anzahl der Kontakte zur Zielgruppe wichtig, das betrifft nicht nur die potentiellen Besucher, sondern auch die Anzahl der Werbemittel sowie die Auflage von Flyern und Plakaten. Zur Vorbereitung ist es sinnvoll, sich möglichst früh mit den ausgewählten Medien abzustimmen und sie mit eingehenden Informationen zu versorgen. Dazu ist es wichtig, die Verbindung zu den Ansprechpartnern regelmäßig zu halten, wie auch den Kontakt zwischen Medium und Verlag herzustellen. Vorab muss mit dem Verlag natürlich auch geklärt werden, ob beispielsweise Bücher für eine Verlosung zur Verfügung stehen und wie sie letztendlich versendet werden. Abzusprechen ist schließlich, ob ein Medium das exklusive Anrecht auf eine Medienpartnerschaft beansprucht.

Als Gegenleistung erwartet der Partner mindestens die Nennung bei der Veranstaltung sowie Abdruck seines Logos auf Plakaten, Postkarten oder Flyern. Dabei wird mit einer Medienpartnerschaft also ähnlich umgegangen wie mit institutionellen Förderern oder Sponsoren (siehe Kapitel IV.2 und IV.4). Daneben werden auch Banner oder Plakate auf der Veranstaltung aufgehängt oder beispielsweise die betreffende Zeitschrift während der Veranstaltung an die Gäste gratis verteilt.

Verträge sind nur für längerfristige Medienpartnerschaften üblich; normalerweise reicht eine formlose schriftliche Notiz über die Vereinbarungen, die beide Partner erhalten.

Medienpartnerschaft

Die Vereinbarung über die Kooperation mit einem Medienpartner sollte folgende Aspekte umfassen:

- Namen der beiden Ansprechpartner
- Um welche Veranstaltung handelt es sich (einmalig, mehrmalig, über einen längeren Zeitraum)?
- Mit wie vielen Zuschauern wird gerechnet?
- Ist die Medienpartnerschaft exklusiv?
- In welcher Form und wie häufig präsentiert der Partner die Veranstaltung (Vor-, Nachberichterstattung, Interview, Artikel im redaktionellen Teil, Hinweis im Veranstaltungskalender, Bericht in der wöchentlichen Extrabeilage mit kulturellen Themen ...)?
- Sind Sonderaktionen wie Verlosungen geplant?
- In welcher Form präsentiert der Veranstalter den Medienpartner (Nennung, Logo auf Plakaten und Flyern, in welcher Auflage, Nennung bzw. Banner auf der Website?)
- In welcher Form tritt der Medienpartner bei der Veranstaltung auf (Banner, sonstige Werbemittel ...)?

Ideelle Unterstützer

Der Kontakt zu Unterstützern ist hilfreich, um weitere potentielle Besucher der Veranstaltung anzusprechen. Mit ideellen Unterstützern sind zum Beispiel Institutionen und Personen gemeint, die Literatur oder Autoren fördern, selbst Veranstaltungen auf dem literarischen Markt anbieten oder einfach an Literatur interessiert sind. Es können aber auch die Veranstaltungsorte sein, die sich besonders für Literatur engagieren. Häufig kennt man sich ohnehin von Lesungen und Festen. Ist man sich sympathisch oder gar freundschaftlich verbunden, liegt eine informelle Kooperation nahe: Auf Veranstaltungen kann man gegenseitig auf die nächsten Lesungen hinweisen und sich mit Tipps unter die Arme greifen. E-Mails sind ein ideales Medium, um bekannten Interessenten eine Ankündigung zukommen zu lassen und sie zu bitten, sie über den eigenen Verteiler weiterzuleiten. Auch der Austausch mit ideellen Unterstützern auf der Basis von Kollegen ist sinnvoll: Welche Lesungen hat man kürzlich besucht, was liest man aktuell, welche Neuerscheinungen sind für eine Veranstaltung interessant?

Der Netzwerkgedanke spielt hier eine große Rolle. Bei – oder vielmehr nach – literarischen Veranstaltungen nehmen die informellen Kontakte erheblichen Raum ein: Sie bieten die Chance, sich mit Menschen, die sich für Literatur interessieren, auszutauschen! Kontakte müssen gepflegt werden, denn wer offen ist und bereitwillig Informationen teilt wird nur dann ebenfalls auf Offenheit treffen.

Autoren und Autorengruppen

Veranstalter haben zahlreiche Kontakte zu einzelnen Autoren – auf diese kann zurückgegriffen werden, wenn man zu einer Veranstaltung einlädt oder die Ankündigungen versendet. Es ist hilfreich, deren Lesungen zu besuchen und, besteht ein engerer Kontakt, die Veranstaltungen gegenseitig zu bewerben, indem im Rahmen einer Lesung auf die nächste hingewiesen wird. Besteht ein gutes Verhältnis, kann man sich darüber verständigen, die Informationen über die Lesung des jeweils anderen Akteurs über den eigenen Verteiler zu verbreiten.

In vielen Städten gibt es Zusammenschlüsse von Autoren: Entweder sind es Interessenverbände, die die Verbesserung der Arbeitsbedingungen zum Ziel haben oder Gruppen, die sich in Lesezirkeln und Arbeitsgruppen über ihre aktuellen Werke austauschen, gemeinsam Lesungen veranstalten oder Anthologien publizieren. Auch aus bestimmten Veranstaltungsformen gehen solche mehr oder weniger formellen Autorengruppen hervor: In Großstädten wie München, Berlin, Köln oder Hamburg kennen sich beispielsweise die lokalen Veranstalter von Poetry Slams untereinander, sowohl ihre Hauptakteure wie ihre Stammgäste, also die „üblichen Verdächtigen". In diesen Kreisen findet man häufig junge Talente, die vielleicht noch keine eigene Publikation vorzuweisen haben, deren Texte aber in Anthologien vertreten sind. Sie können zum Beispiel bei einigen Veranstaltungsformen quasi als Vorgruppe eines bekannteren Autors ihre Arbeiten präsentieren.

Auf alle Fälle lohnt es sich, Kontakt zu diesen Gruppen zu halten, um auf dem Laufenden zu bleiben, was sich auf lokaler Ebene literarisch tut. Auch wenn einem möglicherweise das Laute und spaßige Element eines Poetry Slams nicht liegt, ist es interessant, sich über Veranstaltungsform, -ort und das zu erwartende Publikum zu informieren. Dies gilt selbstverständlich auch für alle anderen Präsentationsformen.

Die jüngeren der lokalen Kleinverlage rekrutieren meistens ihre Autoren aus dem Dunstkreis von Slams und touren mit ihnen durch die Städte, in denen befreundete Mitstreiter Literatushows organisieren. Dies bietet die Möglichkeit, einen Einblick in diese Literatursparte zu gewinnen, der sonst wirklich nur der lokalen Szene vorbehalten ist.

Verlage

Den Kontakt zu den Verlagen zu halten ist ein wesentlicher Aspekt, um weitere Veranstaltungen zu planen und durchzuführen. Es ist sinnvoll dem Verlag rechtzeitig anzukündigen, wenn man Veranstaltungen plant. Kennen die Verlagsmitarbeiter der Presse- und Öffentlichkeitsabteilungen das Profil des Organisators und das der Veranstaltungen, können sie darauf reagieren und Autoren vorschlagen. Organisiert man regelmäßig Lesungen, werden die Ansprechpartnerinnen aus den Verlagen von sich aus auf einen zukommen und Autoren anbieten, um deren aktuelle Titel zu präsentieren. Die Vorschläge aus den Verlagen können nützliche Anregungen sein, neue Autoren vorzustellen und das eigene Spektrum der Veranstaltungen zu erweitern. Es können unvermutete Schätze darunter sein, die das Publikum mit ihrer Leidenschaft für das Vorlesen begeistern und für einen Abend sorgen, der lange im Gedächtnis bleibt. Andererseits lesen auch etablierte Autoren, die sich gar schon einen internationalen Ruf erarbeitet haben, nicht notwendigerweise in einer Art, dass das Publikum enthusiastisch zuhört.

Natürlich wissen die Veranstalter selbst am besten, welche Autoren zu ihrem Profil passen, daher sollten die Empfehlungen aus dem Verlag eingehend geprüft werden.

Messen

Eine Möglichkeit, Verlage kennenzulernen, sind die Buchmessen. Die größte der Welt, die Frankfurter Buchmesse, findet alljährlich im Oktober statt und versammelt national und international nicht nur Buchverlage, sondern auch Anbieter aller anderen Print- sowie Onlinemedien. Die Auswahl an (deutschen) Verlagen ist beeindruckend und das Angebot unüberschaubar, wenn man nicht zielgerichtet bestimmte Verlage aufsucht. Die Leipziger Buchmesse findet im März statt, sie ist weniger international ausgerichtet und gilt bei Ausstellern und Autoren als „familiärer".

Beide Messen bieten ein Rahmenprogramm mit zahlreichen Lesungen und Podiumsdiskussionen, die Chancen geben, Autoren wie Verleger kennen zu lernen. Sie sind eine Gelegenheit, sich über die Verlagsprogramme zu informieren und gegebenenfalls am Stand Autoren zu treffen. In der Hektik der Messe kann man nicht davon ausgehen, ein eingehenderes Gespräch über eine geplante Lesung zu führen, schon gar nicht in Ruhe. Das sollte in der Nachbereitung der Messe geschehen, nachdem man den Beteiligten ein paar Tage zum Erholen gegönnt hat. Sinnvoll ist es jedoch auf alle Fälle, sich die Visitenkarten von den Mitarbeitern des Verlages geben zu lassen, die mit Lesungen betraut sind. Auch ein kurzes Gespräch um sich vorzustellen ist durchaus angemessen.

5. Zum guten Schluss – Nachbereitung und Dokumentation

Die Nachbereitung der Presse- und Öffentlichkeitsarbeit erfüllt drei Zwecke: Zunächst geht es darum, die Resonanz der eigenen Arbeit in den Medien auszuwerten, die Pressearbeit zu dokumentieren und außerdem Erkenntnisse für das weitere Vorgehen zu sammeln. Diese Erfolgskontrolle dient, wie schon in Kapitel IV für die Veranstaltung im Allgemeinen beschrieben, der Verbesserung der Arbeitsprozesse. Auch hier sollten die Ergebnisse der Auswertung in einem zirkulären Prozess in die weitere Arbeit einfließen.

Folgende Leitfragen bieten dafür Anhaltspunkte:

Auswertung der Presse- und Öffentlichkeitsarbeit

- Wie war die Resonanz in den Medien? (Quantität der Berichterstattung und Beurteilung der Veranstaltung)?
- Ist die Ankündigung in allen Zeitungen und Magazinen erschienen?
- Was lief gut, was lief schlecht und was soll beim nächsten Mal anders – also besser – laufen?
- Wie verlief die Kooperation mit den Medienpartnern?
- Falls Sonderaktionen durchgeführt wurden: Wie wurden sie angenommen?

Anhand der Anzahl der Artikel lässt sich zwar das Interesse der Medien an der Veranstaltung ermessen, aber weder gibt sie Aufschluss über ihre Beurteilung noch darüber, ob das Zielpublikum tatsächlich erreicht wurde.

Bei der Veranstaltung sollte man daran denken zu kontrollieren, wer von den Redakteuren der Einladung gefolgt ist und die Veranstaltung besucht hat. Am besten geschieht dies durch die sorgfältige Dokumentation auf der Gäste- und Presseliste, die nach der Veranstaltung ausgewertet werden sollte: Wer ist erschienen und hat danach tatsächlich über die Lesung berichtet?

Um den Kontakt zu den Ansprechpartnern bei den Medien zu pflegen ist es sinnvoll, sich nach der Berichterstattung entweder für die besonders intensive Berichterstattung zu bedanken oder, ist die Ankündigung trotz vorheriger Absprache nicht erschienen, nach den Gründen dafür zu fragen. Dieses Telefonat ist eine gute Gelegenheit, ein persönliches Feedback einzuholen. Solche Informationen sind wichtig, um für die nächste Lesung die Pressearbeit besser abstimmen zu können.

Pressespiegel

Im Pressespiegel werden alle Artikel gesammelt, die über die Veranstaltung erschienen sind: Vorankündigungen, Interviews mit dem Autor sowie Kritiken und Nachberichterstattung. Auf jeden einzelnen Artikel sollten der Name der betreffenden Zeitung oder Zeitschrift und das Erscheinungsdatum vermerkt sein. Der Pressespiegel dient dem Organisator als Dokumentation über die Veranstaltung. Er sendet eine Kopie der wichtigsten Artikel an den Autor, wenn es der Verlag nicht tut, und macht ihm damit eine Freude. Normalerweise ist es die Aufgabe des Verlages, manchmal auch der Agenturen, Pressespiegel über den Autor und das jeweilige Buch zu erstellen. Sie beauftragen häufig einen Pressedienst, der die Ausschnitte sammelt, wobei dieser Aufwand für Veranstalter in den seltensten Fällen in Betracht kommt.

Ein umfassender Pressespiegel erfüllt darüber hinaus die Funktion, die Veranstaltung gegenüber den institutionellen Förderern und Sponsoren zu dokumentieren. Sie erwarten wenigstens in Auszügen eine Kopie des Pressespiegels.

Im Hinblick darauf, neue Sponsoren und Förderer zu gewinnen, spielt der Pressespiegel eine große Rolle: Er belegt die Aktivitäten des Veranstalters und dient dazu, für sich und die Lesungen zu werben. Darüber hinaus lässt er sich als Argument nutzen, um einen Sponsoren von der Zusammenarbeit zu überzeugen.

Zu der Dokumentation gehören gegebenenfalls auch (Sende-) Protokolle über Radio- und TV-Sendungen, sollten keine Mitschnitte vorhanden sein.
Für die vollständige Nachbereitung sollte auch die Korrespondenz mit dem Verlag und dem Autor archiviert werden. Dort gehören zum Beispiel Autorenfotos hinein.

Zum Abschluss des Kapitels dient die Checkliste auf der folgenden Seite zum zeitlichen Ablauf, die Presse- und Öffentlichkeitsarbeit zu organisieren:

Checkliste Ablauf Pressearbeit

Wann	Was	Bemerkungen
so früh wie möglich	Autor, Datum der Veranstaltung, Ort, Zeit	eigene Website, Website des Verlags
so früh wie möglich	Medienpartner akquirieren	
2 Monate zuvor	Presseinfo und -mappe erstellen	Kooperation mit Verlag Autorenfotos bestellen
2 Monate zuvor	Presseinfo an Publikumszeitschriften, Publikationen von Stiftungen, institutionellen Förderern, Fachpresse	
10. des Vormonats	Info an Monatspresse: Stadtmagazine, Veranstaltungskalender	
4 Wochen zuvor	Info an freie Journalisten	
2 Wochen zuvor	Wochenpresse Radiosender Tagespresse mit separatem Veranstaltungsblatt	
2 Wochen zuvor	Einladungen versenden	Pressevertreter
2 Wochen zuvor	Info an E-Mail-Verteiler	
1 Woche zuvor	Tagespresse	
1 Tag zuvor	Gästeliste abschließen	Presse, Vertreter des Verlags, Gäste des Autors
auf der Lesung selbst	Dokumentation der anwesenden Pressevertreter und Gäste	
1 Woche danach	Nachbereitung, Auswertung, Pressespiegel erstellen	

VII. Kundenbindung – Produkte

Im Sinne besserer Kundenbindung bietet es sich für eine erfolgreiche Veranstaltungsreihe an, eigene Produkte herzustellen und zu vermarkten. Obligatorisch ist mittlerweile die eigene Website, die über Veranstaltungen informiert und Autoren samt ihrer Texte vorstellt. Für eine literarische Reihe ist es naheliegend, eine Zeitschrift herauszubringen. Dort können unter anderem die Autoren der aktuellen Veranstaltungen publizieren. Läuft diese Zeitschrift erfolgreich, hat man die Möglichkeit, aus ihr heraus ein Buch zu entwickeln. Aus dem Buch wiederum kann ein Hörbuch werden – das hängt von der Nachfrage und den eigenen Ressourcen ab. Hat sich die Veranstaltungsreihe bereits zu einer Marke entwickelt, sind auch literaturfremde Produkte vorstellbar wie beispielsweise mit Zitaten bedruckte T-Shirts, Postkarten oder Plakate. Das Münchner Verlags- und Veranstaltungsteam *blumenbar* hatte beispielsweise die Idee, den Karton, den man um die Zigarettenschachtel hüllen kann, mit literarischen Texten zu bedrucken und als Zigarettenroman zu verkaufen. In diese Richtung entwickeln sich die Bemühungen um Merchandising und Selbstvermarktung.

Website

Die Website ist aktueller und flexibler als jede gedruckte Publikationsform. Sie kann Text-, Bild- und Audiodateien enthalten. Sie besteht aus einem Portal, also der Hauptseite, und mehreren Rubriken, die über die Buttons einer Leiste anwählbar sind. Die Website ist beliebig erweiterbar und kann wichtige Archivfunktionen übernehmen. Sie lebt jedoch von der Aktualität und bedarf intensiver Pflege. Kriterien zur Beurteilung von Websites sind Inhalt, Gestaltung und Navigation. Vor allen Dingen muss man sich jedoch über ihre Anwendung im Klaren sein: Welche Informationen soll sie enthalten, welche Inhalte werden ins Netz gestellt?

Soll die Website eine Veranstaltungsreihe begleiten, so enthält sie den Termin der nächsten Veranstaltung mit Pressetext und Autorenfotos. Sie kann darüber hinaus Texte der jeweiligen Autoren anbieten. Hier empfiehlt sich die literarische Kurzform, also das Gedicht, die Erzählung oder das Romanfragment. Zugleich bietet die Website einen Überblick über bisherige Veranstaltungen, damit für Publikum und Presse ein Gesamtbild der Reihe entsteht. Eine weitere wichtige Funktion ist die

Dokumentation der Presseberichte; diese sollten – zumindest auszugs-
weise – ins Netz gestellt werden. Da Zuschauer und Veranstalter bevorzugt über das Web kommunizieren, gibt es eine Funktion für den
Kontakt über E-mail: Hier können Fragen zu einzelnen Autoren gestellt
werden, man kann Kritik an einzelnen Veranstaltungen üben oder seinen Lieblingsschriftsteller für den nächsten Termin vorschlagen.

Die Website soll optisch wiedergeben, wofür die Veranstaltungsreihe
steht. Erforderlich ist ein grafisch und typografisch ansprechendes Portal,
von dem aus man mühelos zu den einzelnen Rubriken gelangt. Kern-
funktionen sind hier: Termin, Archiv, Presse und Kontakt; hinzu kommen Impressum und rechtliche Hinweise. Hat das Veranstaltungsteam
eigene Produkte anzubieten, ist ein Online-Shop in Erwägung zu ziehen. Zumindest sollten die Produkte mit näheren Informationen abge-
bildet sein. Von Links zu anderen literarischen Websites ist abzusehen.
Diese werden durch Suchmaschinen nahezu überflüssig gemacht. Eine
Link-Liste ist oft schon am Tag ihrer Erstellung veraltet. Sinnvoll erscheint die Verlinkung mit Partnern der Veranstaltung, also Sponsoren,
Förderern und Unterstützern. Ein wechselseitiger Werbeeffekt ist hier
wünschenswert.

Auf dem Portal erscheint das Logo des Veranstalters wie auch die Namen der Sponsoren. Von einer Überfrachtung mit Inhalten ist dringend
abzuraten. Der User entscheidet darüber, in welcher Tiefe er sich informieren will; vielen reicht schon der Termin mit dem Programm der
nächsten Lesung. Findet die Website jedoch großen Anklang, ist über
Formen der Publikumsbeteiligung nachzudenken. Soll beispielsweise
ein interaktives Autorenforum entstehen? Soll es die Möglichkeit geben,
dass schreibende Leser der Website ihre Texte veröffentlichen? Soll es
ein Gästebuch geben? Es ist in jedem Fall ratsam, mit wenigen Rubriken
anzufangen und die Website dann nach den Bedürfnissen der User zu
erweitern. Die Internet-Aktivität von Autoren ist außerordentlich groß,
deshalb ist sehr darauf zu achten, dass kostbare Inhalte nicht verschleu-
dert werden.

Wer einen professionellen Anspruch an seine Veranstaltung stellt, will
Gleiches natürlich auch für seine Produkte. Gibt es im Team jemanden,
der eine Website erstellen, sie grafisch aufbereiten und pflegen kann?
Muss ich einen Dienstleister damit beauftragen? Gibt es Formen der Kooperation, beispielsweise mit einer Werbeagentur? Man muss sich klarmachen, dass eine Website kaum kostenneutral zu betreiben ist. Allzu

große Hoffnung in die Banner-Werbung zu setzen, erscheint aus heutiger Sicht naiv. Die Website dient der Öffentlichkeitsarbeit und der Kundenbindung, sie ist jedoch im engeren Sinne kein verkäufliches Produkt. Eine mögliche Einnahmequelle ist zwar der Online-Shop, zur Finanzierung scheint es jedoch vernünftiger, dem Sponsor ein attraktives Angebot zu machen, so dass er die Finanzierung trägt.

Ein Beispiel: Unter der Adresse www.macht-ev.de erscheint das Portal der Macht-Website. Der Online-Grafiker hat sich hier für eine rein typografische Lösung entschieden und – dem Gegenstand angemessen – einen klaren Schwarz-Weiß-Kontrast gewählt. Das Portal enthält alle wesentlichen Informationen und lädt dazu ein, sich gleichsam durch die Räume einer literarischen Luxusvilla zu bewegen:
In der *Lobby* erhält man Informationen zum Machtprojekt wie auch zu den einzelnen Machtmachern. Man kann in einem digitalen Fotoalbum blättern und sich Aufnahmen vergangener Machtclubs ansehen. Ebenfalls öffnet sich hier ein Archiv mit Presseberichten.
Im *Club* wird der Termin des nächsten Machtclubs angekündigt wie auch ein Überblick über die bisherigen Veranstaltungen gegeben.
Im *Salon* kann man sich an einer Debatte über aktuelle Tendenzen in der deutschen Gegenwartsliteratur beteiligen. Dort findet sich auch der Rezensionsdienst der Machtmacher, der klare Buchempfehlungen ausspricht.
Eine Sammlung von *Gutemachtgeschichten* – alle aus der Feder von Machtautoren – rundet das Bild ab.
In der *Bibliothek* findet man aktuelle Bücher von Machtautoren und Assoziierten. Der *Autorenpool* stellt eine Talentschmiede für junge Schriftsteller dar und bietet literarische Erzeugnisse. In derselben Rubrik werden Ausgaben aktueller und früherer Macht-Zeitschriften vorgestellt.
Das *Jägerstübchen* ist dem Sponsor des Machtprojekts gewidmet und enthält Geschichten zum Thema Jagd, Jäger, Gejagte. Machtautoren und Autoren aus dem Publikum beteiligen sich an einer Online-Jägermeisterschaft.
Im *Gästezimmer* besteht die Möglichkeit, sich über Machtclubs auszulassen und dem Team neue Anregungen zu geben. Als letzte Rubrik erscheint der übliche E-Mail-Kontakt.

Der Aufwand für diese literarische Website ist enorm und nur möglich, weil Macht e.V. über einen hauseigenen Online-Grafiker verfügt. Es zeigt sich jedoch an dem großen Publikumsinteresse, dass sich die Mühe lohnt und eine Interaktion zwischen Zuschauer und Veranstalter tatsächlich stattfindet.

Zeitschrift
Das für eine literarische Veranstaltungsreihe naheliegendste Produkt ist die regelmäßig erscheinende Zeitschrift. Hier können die aktuellen wie auch künftigen Autoren durch kurze Texte oder Auszüge vorgestellt werden. Als Service für den Leser kann man einen Rezensionsdienst anbieten. Es sind verschiedene Kolumnen vorstellbar wie auch Fotos und Illustrationen. Hat das Projekt einen Sponsor, sollte man ihm genügend Platz einräumen. In eigener Sache, aber auch zur Finanzierung der Zeitschrift müssen Anzeigenseiten zur Verfügung stehen. Wer Anzeigen akquiriert, braucht eine für den Kunden transparente und aktuelle Preisliste. Aus presserechtlichen Gründen ist an das Impressum zu denken.
Es ist unwahrscheinlich, dass man für eine Literaturzeitschrift einen größeren Verlag findet. Hier sollte man das Risiko des Selbstverlags schon eingehen. Eine Zeitschrift finanziert sich in der Regel über Anzeigen, zusätzlich können Sponsorengelder oder Fördermittel eingeworben werden. Die Erscheinungsweise richtet sich nach der Häufigkeit der Veranstaltung. Bei einer monatlichen Lesung bietet sich beispielsweise ein vierteljährliches Erscheinen an. Somit besteht die Möglichkeit, auf ein Quartal veranstalterischer Tätigkeit hinzuweisen. Der Reihencharakter und das Konzept der Veranstaltung werden dadurch klarer. Sonderausgaben zu speziellen Anlässen oder Doppelnummern sind denkbar.
Die Hauptkosten einer Zeitschrift entstehen durch den Druck. Hier sollte man über die Partnerschaft mit einer ortsansässigen Druckerei nachdenken, denn der Prestigegewinn kann für ein solches Unternehmen relevant sein. Um die Kosten möglichst gering zu halten, sollte man sich mit Schwarzweißdruck begnügen. Als Format bietet sich DIN A 5 an, wobei leichte Abweichungen natürlich möglich sind. Da eine Literaturzeitschrift hauptsächlich Text enthält, sind auf Typografie, Satz und Umbruch besonderes Augenmerk zu richten.
Noch bevor man ein redaktionelles Konzept entwickelt, sollte man die Frage klären, ob die Zeitschrift verkauft wird und wie sie vertrieben

werden soll. Da sich Literaturzeitschriften normalerweise nicht durch den Verkauf tragen, kann man auf einen Preis verzichten. Stattdessen sollte man die Werbewirksamkeit derart erhöhen, dass die Veranstaltung davon profitiert. Der Vertrieb der Zeitschrift kann durch Buchhandlungen, Cafés, Kneipen oder das Internet erfolgen; selbstverständlich ist sie auch am eigenen Büchertisch erhältlich. Legt man die Magazine öffentlich aus, ist auf besondere Präsentation in Schachteln oder Ständern zu achten. Hat man einen Partner im örtlichen Buchhandel, macht auch er entsprechend auf die Zeitschrift aufmerksam. Die Auflage richtet sich nach der Größe der Veranstaltung, realistisch erscheinen in der Regel zwischen 500 und 2 000 Exemplare.

Hat sich aus dem Veranstalterkreis heraus ein Redaktionsteam gebildet, kann man über das Konzept nachdenken: Welche Inhalte sollen verbreitet werden, gibt es eine gestalterische Idee? In jedem Fall richtet sich die Zeitschrift nach den Vorgaben von Corporate Identity und Corporate Design. Der Name des Projekts sollte im Titel auftauchen, das Logo erscheint auf der Titelseite. Wenn sich das Redaktionsteam für eine Ausgabe auf bestimmte Autoren geeinigt hat, ist die Genehmigung zum Abdruck der Texte einzuholen. Bei unveröffentlichten Texten wendet man sich direkt an den Verfasser, bei gedruckten Werken entscheidet der Verlag. Die Redaktion ist zum Hinweis auf das Copyright verpflichtet. Außerdem muss sie eine Person auswählen, die verantwortlich im Sinne des Pressegesetzes zeichnet. Ausgewählt werden in der Regel aktuelle Texte von Autoren, die künftig bei der Veranstaltung auftreten. Es ist durchaus möglich, diese Texte auch auf der Website zu veröffentlichen, nur sollte man sich darüber im Klaren sein, dass die gedruckte Literatur einen sehr viel höheren Wert hat und Kunden in viel höherem Maße bindet. Zeitschriften können Memorabilien längst vergangener Lesenächte sein.

Macht e.V. hat sich für die Produktion einer vierteljährlichen Zeitschrift entschieden, die den Titel *Macht* trägt. Sie erscheint im Hamburger Schwamm Verlag, verantwortlich für den Inhalt ist Sven Amtsberg. Die Zeitschrift ist kostenlos und liegt am Büchertisch sowie in Kneipen und Cafés aus. Sie erscheint in einer Auflage von 2 000 Exemplaren. Das Format entspricht in etwa DIN A 5, der Druck ist schwarzweiß. Das *Macht*-Magazin enthält kurze literarische Texte, Buchbesprechungen, Fotos und Illustrationen. Der Umfang liegt bei etwa 30 Seiten. Das Zeitschriftenteam besteht aus drei Redakteuren und einem Grafiker; alle sind Mitglieder von Macht e.V. Das Logo der Veranstaltung prangt auf der Titelseite, die Firmenzeichen der Sponsoren und Förderer haben ihren festen Platz im Mittelteil des Heftes. Die Zeitschrift dient der publizistischen Unterstützung der Veranstaltungsreihe *Machtclub* und gilt – neben Flyern und Plakaten – auch als Werbemittel. Sie bietet noch unbekannten Autoren die Möglichkeit, in einem literarisch hochwertigen Umfeld zu veröffentlichen. Außerdem gibt sie Sponsoren, Verlagen und Buchhandlungen Raum für gezielte Werbung. Die Zielgruppe ist zwischen 20 und 40 Jahre alt, relativ gebildet und damit vermutlich am Kauf von Büchern interessiert.

Auch hier ein konkretes Beispiel: Nimmt man etwa Heft 3 der *Macht*-Zeitschrift zur Hand, so sieht man auf dem Umschlag ein Foto des Publikums bei einem *Machtclub*, die Innenseite ist ebenfalls mit einem Foto bedruckt. Auf Seite 3 steht das Inhaltsverzeichnis mit einem knappen Editorial. Die literarischen Texte beginnen auf Seite 4 und werden unterbrochen durch Anzeigenwerbung und weitere Fotos. Auf den Seiten 11 bis 15 folgen Buchbesprechungen mit der Abbildung des jeweiligen Covers. Schlägt man das Heft in der Mitte auf, sieht man ein doppelseitiges Foto vom *Machtclub* mit den Hinweisen auf die folgenden beiden Veranstaltungen. Wie auf einem Spruchband sind unten die Logos der Unterstützer aufgereiht. Fester Bestandteil der Zeitschrift ist die *Jägermeisterschaft*, in der sich ein Gastautor zur Wald- und Wiesen-Thematik äußert. Es folgt ein zweiter Block mit literarischen Texten, der von der Kolumne *Gutemachtgeschichte* abgeschlossen wird. Auf der letzten Seite steht das Impressum wie auch eine Aufführung der Autoren dieses Heftes. Auffällig hierbei ist die Mischung prominenter Schriftsteller wie Thomas Meinecke und Birgit Vanderbeke mit Nachwuchsautoren wie Sigrid Behrens oder Semier Insayif. Das Konzept des *Machtclubs* wurde so, wie es auch im Internet erscheint, auf die Zeitschrift übertragen.

Buch

Wenn die Zeitschrift vom Publikum angenommen und in literarischen Kreisen anerkannt ist, kann man in einem nächsten Schritt überlegen, ein Buch herauszubringen. Die Vorgehensweise ist ähnlich wie bei der Zeitschrift, allerdings hat man die Möglichkeit, längere Texte abzudrucken und ein reiferes Produkt herzustellen. Anders als eine Zeitschrift verliert ein Buch nicht nach wenigen Monaten an Gültigkeit. Anbieten würde sich hier eine Textsammlung von Autoren, die in der Veranstaltungsreihe aufgetreten sind. Die Zuschauer haben damit die Möglichkeit, Erzählungen, Gedichte und Romanauszüge nachzulesen. Eine Alternative dazu ist, die Literaturszene der eigenen Stadt abzubilden. Ähnlich wie bei dem alle zwei Jahre erscheinenden *Hamburger Ziegel* wird man bekannte und weniger bekannte Schriftsteller aus einer deutschen Großstadt vorstellen. Das Buch soll keine hektische Textsammlung sein, sondern es kann liebevoll illustriert oder auch mit Fotos versehen werden. Basis des Ganzen sind natürlich die ausgewählten Texte, für deren Abdruck man die Genehmigung der Autoren beziehungsweise ihrer Verlage einholen muss. Es ist zu empfehlen, nur unveröffentlichte Texte in die Anthologie aufzunehmen.

Während man bei der Zeitschrift den Weg des Selbstverlages wählen kann, sollte man mit einem Buchkonzept frühzeitig an einen Verlag herantreten. Der entscheidende Vorteil ist, dass der Verlag über professionelle Vertriebswege verfügt. Nur so gelangt das Buch auch wirklich in den Buchhandel. Wer es dennoch mit einem Selbstverlag probiert, muss sich darauf einstellen, dass er von Buchhändler zu Buchhändler tingelt und auf dem Großteil der Auflage sitzen bleibt. Vernünftiger ist es, wenn sich aus dem Veranstaltungsteam heraus ein Buchteam bildet, das beispielsweise aus zwei Redakteuren und zwei Grafikern besteht. Sowohl die literarische als auch die grafische Seite soll vertreten sein; Illustratoren und Fotografen können beteiligt werden. Wenn eine Textsammlung kein übergeordnetes Thema hat, ist darauf zu achten, dass durch die Textfolge eine Dramaturgie entsteht. Die Texte müssen sich zueinander fügen; hierbei kann es inhaltliche oder auch sprachliche Übereinstimmungen geben. Man eröffnet das Buch üblicherweise mit einem Intro, das neugierig macht und eine Art Gebrauchsanweisung darstellt. Darauf folgen sollte der erprobte Text eines bereits bekannten Autors. Die Highlights des Buches sind verteilt auf Anfang, Mitte und Ende. Dazwischen kann man experimentieren und bisher unveröffentlichten Autoren eine Chance geben. Es ist eine alte Streitfrage, ob Anthologien selektiv gelesen werden oder aber von vorne nach hinten. Man sollte dem Leser die Möglichkeit geben, die Textsammlung wie einen fragmentierten Roman zu rezipieren. Entsteht im Bewusstsein des Rezipienten nicht der große Zusammenhang, kann er sich immer noch seine Lieblingsautoren herauspicken.

Macht e.V. entschloss sich gleich zu Beginn der Veranstaltungsreihe *Machtclub* eine Anthologie herauszubringen. Hier sollte jedoch nicht die Veranstaltung durch den Abdruck dort gelesener Texte dokumentiert werden, sondern ein Abbild der Hamburger Autorenszene entstehen. Da man unmöglich alle Autoren einer Großstadt berücksichtigen kann, wurden solche ausgewählt, die ihre Literatur bei Lesungen und Events bereits an das Publikum herangetragen und Spaß am öffentlichen Vortrag haben. Der Umfang des Buches sollte nicht größer als 300 Seiten sein. Wenn man jedem Schriftsteller etwa zehn Druckseiten einräumt, kann man also nicht mehr als 30 Autoren auswählen. Geeignete Textformen sind Erzählung und Gedicht, wobei Romanfragmente denkbar sind. Das Thema sollte vollkommen frei sein. Das Herausgeberteam entscheidet über die Zusammenstellung der Texte und sorgt dafür, dass aus einer Fülle von Einzeltexten ein geschlossenes Ganzes entsteht. Zugleich entwickelt es grafische und typografische Vorstellungen, so dass sich das Buch in die bereits bestehenden Produkte einreiht.

Im Falle von *Macht – organisierte Literatur* bestand das Team aus zwei Redakteuren und zwei Grafikern beziehungsweise Illustratoren. Die Herausgeber stellten ein gültiges Textprodukt zusammen und versahen es mit Satz und Gestaltung; hinzu kamen Illustrationen, die einen Wegweiser durch das Buch darstellen. Zwar konnte man auf das Know-how des Kleinverlages Edition 406 wie auch der Künstlergruppe Absynnd zurückgreifen, aber Macht e.V. wollte aufgrund früherer Erfahrungen das Buch nicht selbst verlegen. Welcher Verlag also wäre geeignet und in der Lage, die Anthologie publikumsverliebter Hamburger Autoren auf den Markt zu bringen? Durch den lokalen Bezug kamen in diesem Fall nur Verlage aus Hamburg und Umgebung in Frage. Da die meisten Autoren der Off-Kultur zuzurechnen waren, schied ein großer Verlag fast aus. Die Wahl fiel auf den Rotbuch Verlag, der sich programmatisch in dieser Phase der jungen deutschen Literatur annäherte. Macht e.V. trat mit einem fertigen, nur noch nicht gedruckten Produkt an den Verlag heran und musste die weiteren Konditionen aushandeln. Würden die Autoren beispielsweise ein Honorar bekommen? Würde der Verlag die zusätzlich entstehenden Kosten durch Illustrationen tragen? Würde er das Textpaket in dieser Form überhaupt akzeptieren?

In konstruktiver Zusammenarbeit mit dem Lektorat des Verlags konnte ein Produkt entstehen, das den Vorstellungen der Herausgeber entsprach und den Verlag an die junge urbane Autorenszene heranführte.

Nur im Ausgleich der jeweiligen Interessen kann eine solche Zusammenarbeit gelingen. Die Beiträge des Buches wurden einheitlich honoriert, die Rechte für bereits abgedruckte Texte bei den Verlagen eingeholt. Alle Autoren bekamen rechtzeitig die Druckfahnen ihrer Texte. *Macht – organisierte Literatur* erschien als Paperback in einer Auflage von 5 000 Exemplaren und wurde in einem *Machtclub Special* präsentiert. Das Buch kam in den Buchhandel und wurde von Buchhändlern in der Rubrik *Junge Literatur* angeboten. Da Macht e.V. sich nie als reines Veranstalterteam sah, konnte die publizistische Seite des Projekts gestärkt werden. Als nächster Schritt wurde ein Hörbuch geplant, das wiederum in Zusammenarbeit mit einem größeren Verlag entstehen und den Live-Charakter von Lesungen unterstreichen sollte.

VIII. Und so geht's konkret: das Beispiel *Machtclub*

Im Kapitel *Die Organisation* wurden allgemeine Empfehlungen gegeben, wie eine Literaturveranstaltung organisatorisch und dramaturgisch gekonnt durchzuführen ist. An einem konkreten Fallbeispiel wird nun erläutert, welche Arbeitsschritte dazu notwendig sind.

Ausgewählt wurde der 20. Machtclub, der am 12. November 2002 im Hamburger Mojo Club stattfand. Die Autoren des Abends waren Michael Lentz („muttersterben"), Andreas Münzner („Die Höhe der Alpen") und Jette Kuhrt („Milchmädchenrechnungen"). Organisiert und moderiert wurde der Abend von den beiden Machtmachern Joachim Bitter und Constanze Buss. Die Veranstaltung war mit circa 250 Zuschauern nahezu ausverkauft und hatte beim Publikum wie bei der Presse eine positive Resonanz. Um den Erfolg sicherzustellen, mussten alle für den Abend relevanten Jobs vergeben werden (siehe Kasten). Besondere Verantwortung trug dabei der Abend-Manager, der in der Regel die Autorenhonorare bar auszahlt und die Abrechnung vornimmt.

Autorenauswahl und Autorenakquise sind ein permanenter Prozess, acht bis zwölf Wochen vor der Veranstaltung sollte jedoch feststehen, wer an dem Termin liest. Mit den Autoren sind Honorare zu vereinbaren und Verträge für den Auftritt abzuschließen. Honorare und Fahrtkosten fließen zugleich in die Finanzplanung ein. Sind die Autoren verpflichtet, beschafft man sich in der Regel von den Verlagen Pressefotos in digitaler Form. Der Pressetext mit Fotos muss die Monatszeitschriften bis zum Zehnten des Vormonats erreichen. Es empfiehlt sich, den Pressetext als E-Mail und die Fotos als *attachment* zu versenden. Sicherheitshalber erstellt man eine Papierform und verschickt sie gegebenenfalls per Fax. Zugleich wird die Veranstaltung auf der Website angekündigt. Die Zuschauer sollen sich im Netz über das Programm des Abends und die einzelnen Autoren informieren können. An Bedeutung gewinnt auch der optische Eindruck durch die Autorenfotos. Zwei bis drei Wochen vor der Veranstaltung wird der Pressetext an die Wochenzeitungen und -zeitschriften verschickt, etwa zwei Wochen vorher an die Tagespresse; bei den Zeitungen sind besonders wöchentliche Veranstaltungsbeilagen zu beachten. Die Medienpartner werden zusätzlich telefonisch angesprochen und über Einzelheiten informiert. Da die Medienpartner das Projekt unterstützen, haben sie das Recht auf einen Informationsvorsprung. Das Projekt wiederum profitiert von dem gesicherten Abdruck des Termins in der Presse. Wünschenswert sind beispielsweise ein Tagestipp im Stadtmagazin oder ein Kasten in der Tageszeitung. Der Gestalter der Flyer und Plakate bekommt die Information möglichst früh, da er sich ein individuelles Design überlegen muss und die Zeit für den Druck einzurechnen ist.

Der Machtclub wählt die Autoren nach folgendem Muster aus: L=*Large*, M=*Medium* und S=*Small*. Unter einem L-Autor ist jemand zu verstehen, der im deutschsprachigen Raum erfolgreich publiziert und mehrere Literaturpreise gewinnen konnte. Ein M-Autor hat mehrere Bücher oder ein erfolgreiches Debut vorzuweisen und verfügt über einige Bekanntheit. Die Position S ist mit einem vielversprechenden Talent besetzt, vielleicht mit einem Debütanten oder Geheimtipp. Im Falle des 20. Machtclubs standen für L Michael Lentz, für M Andreas Münzner und für S Jette Kuhrt. Michael Lentz hatte 2001 den Ingeborg-Bachmann-Preis gewonnen und 2002 im S. Fischer Verlag den Prosaband *muttersterben* veröffentlicht. Er gilt als Sprachgenie und ausgezeichneter Bühnenperformer, außerdem ist er durch Fernsehauftritte bekannt. Andreas Münzner erhielt 2002 den Förderpreis der Jürgen-Ponto-Stiftung und veröffentlichte im Rowohlt Verlag seinen ersten Roman *Die Höhe der Alpen*. Er gilt als solider Erzähler und ist äußerst sicher im mündlichen Vortag; in Hamburg hat er den Status eines Lokalmatadoren. Jette Kuhrt war dem Publikum zu dem Zeitpunkt unbekannt, ihr Erzählungsband *Milchmädchenrechnungen* (Aufbau-Verlag) befand sich erst in Planung. Sie ist eine lebhafte Erzählerin ohne Bühnenangst und bindet ein junges Publikum. Der Programmablauf für eine etwa 90-minütige Veranstaltung richtet sich nach dem Status der einzelnen Autoren. In diesem Fall bekam Jette Kuhrt als junges Talent die ersten 15 Minuten. Es folgte Andreas Münzner als gestandener Autor mit 30 Minuten Lesezeit. Danach wurde die Jägermeisterschaft ausgetragen, die zwei 5-minütige Textvorträge enthielt. Eine 15-minütige Pause ist obligatorisch. Der zweite Teil der Veranstaltung gehörte dem prominenten Gast, dem maximal 45 Minuten für die Lesung aus seinem Werk zustanden. Im Falle von Schriftstellern mit artifiziellen Texten – wie beispielsweise Michael Lentz – kann die Lesezeit auf 30 Minuten verkürzt werden, da eine hohe Textdichte das Publikum schneller erschöpft.

Die beiden Organisatoren und die Moderatoren des Abends stehen während der gesamten Planungsphase in ständigem Kontakt. Beide müssen von dem literarischen Programm des Machtclubs überzeugt sein und es nach außen hin vertreten. Sie erarbeiten den Pressetext gemeinsam und überlegen sich die Eckpfeiler einer Moderation. Wenn das Moderatorenpaar noch nicht eingespielt ist, braucht man eine Art Drehbuch, wie der Abend abläuft und wer welche Informationen gibt. Es empfiehlt sich, für jeden Autor eine Karteikarte mit allen relevanten Daten anzulegen (siehe Kasten).

In einer 5-minütigen Anmoderation werden der Ablauf der Veranstaltung wie auch die einzelnen Autoren vorgestellt. Eine falsche Publikumserwartung kann dem Abend schaden, zugleich aber will das Publikum nicht gegängelt werden, sondern sich eine eigene Meinung bilden. Die Moderatoren betreten mit jedem neuen Programmelement die Bühne. Sie sollen sichtbar und sehenswert durch den Abend führen. Bei der Moderation wechseln sie sich so ab, dass für die Zuschauer ein harmonisches Bild entsteht.

Natürlich wird das Nachwuchstalent anders angekündigt als der Ingeborg-Bachmann-Preisträger. Der Ton dem Autor gegenüber bleibt respektvoll, aber nicht ehrfürchtig. Da es sich bei der Jägermeisterschaft um das Slam-Element der Veranstaltung handelt, wird entsprechende Stimmung gemacht. Die beiden Moderatoren und Organisatoren betrachten sich dabei als Regisseure, die zusätzlich von einem Abend-Manager unterstützt werden.

Es ist dringend davon abzuraten, während der Veranstaltung Kritik am Moderatorenpaar zu üben; dazu braucht man Abstand und etwas Ruhe. Solange der Abend läuft, hat das Veranstalterteam für das Wohlbefinden der Autoren und aller weiterer Akteure zu sorgen. Auch nach der Veranstaltung erweist sich der Organisator als guter Gastgeber, indem er die Beteiligten zum anschließenden Bier einlädt. Der Autor darf niemals den Eindruck haben, dass er es mit unprofessionellen Veranstalterin zu tun hat.

Machtclub #20

Michael Lentz
Andreas Münzner
Jette Kuhrt
Beginn: 20 Uhr 30, Entritt: 8 Euro
Ort: Mojo Club, Reeperbahn 1
Datum: 12. November 2002

Moderation: Joachim Bitter, Constanze Buss
DJs: Nicole Happ, Dietrich Machmer
Jägermeisterschaft: Tine Wittler, Sven Ivo Brinck
Abend-Management: Friederike Moldenhauer
Büchertisch: Medium Buchmarkt, Hamburg
Gestaltung Flyer und Plakat: Jan Schmietendorf, Hamburg
Druck: St. Pauli Druckerei, Hamburg
Verteilung: Cartel, Hamburg
Tontechnik: Dezent, Hamburg
Hotel: Florida – The Art Hotel, Hamburg
Ort: Mojo Club, Hamburg - St. Pauli
Sponsor: Mast Jägermeister AG, Wolfenbüttel
Förderer: Kulturbehörde Hamburg, Hamburgische Kulturstiftung,
Writers`Room e.V.
Medienpartner: Szene Hamburg, Hamburger Morgenpost

Michael Lentz
Jahrgang: 1964
Wohnort: Zürich
Verlag: S. Fischer Verlag, Frankfurt am Main
Kontakt: S. Fischer Verlag, Abteilung für Öffentlichkeitsarbeit
Aktuelles Buch: muttersterben (2002)
Aktueller Preis: Ingeborg-Bachmann-Preis 2001
Kennzeichen: bühnenerprobter Performer, ideal für Live-Auftritte

Fallbeispiel

Andreas Münzner
Jahrgang: 1967
Wohnort: Hamburg
Verlag: Rowohlt Verlag, Reinbek bei Hamburg
Kontakt: Rowohlt Verlag, Abteilung für Öffentlichkeitsarbeit
Aktuelles Buch: Die Höhe der Alpen (2002)
Aktueller Preis: Förderpreis der Jürgen-Ponto-Stiftung 2002
Kennzeichen: solider Erzähler mit markanter Stimme, gut für öffentliche Auftritte geeignet

Jette Kuhrt
Jahrgang: 1977
Wohnort: München
Verlag: keiner
Kontakt: persönlicher Kontakt Macht e.V.
Aktuelles Buch: Milchmädchenrechnungen (geplant)
Aktueller Preis: keiner
Kennzeichen: lebhafte Erzählerin ohne Respekt vor großen Namen, Bühnentalent

IX. Literatur

Böhm, Thomas (Hsg.): Auf kurze Distanz. Die Autorenlesung: O-Töne, Geschichten, Ideen. Köln 2003

Fischer, Walter Boris: Kommunikation und Marketing für Kulturprojekte. Bern 2001

Haag, Klaus: Lesung & Vortrag . Zur Theorie und Praxis der öffentlichen Leseveranstaltung. Ein Lesebuch mit Ratschlägen für Autoren, Referenten und Veranstalter. Speyer 2001

Klein, Armin: Kulturmarketing. Das Marketingkonzept für Kulturbetriebe. München 2001

Reifsteck, Peter: Handbuch Lesungen und Literaturveranstaltungen. Konzeption, Organisation, Öffentlichkeitsarbeit. 2. Aufl. Reutlingen 2000